이 책은 우리가 익숙하게 안다고 생각하는 신앙생활의 성취, 방법, 의미에 성경적 통찰의 빛을 다시 비추어 준다. 그리스도인의 삶은 그 형편이 어떠하든, 하나님이 계획하신 영광으로 나아가는 길이라는 점이 드러난다. 신앙 인생은 각자의 성품이 통찰과 분별로 다듬어져 궁극에는 영광스러운 인격에 이르는 과정이다. 하박국 선지자의 찬송처럼, 믿음이 어려움을 견뎌 내는 방법에서 나오는 각오로만 그치지 않고, 하나님이 우리에게 마련하신 풍성함에 대한 찬송이 되기를 바란다. 그런 면에서 유진 피터슨의 이 책은 더할 나위 없는 최고의 안내자가 될 것이다.

박영선 남포교회 원로목사

젊은 시절부터 회색인을 자처하고 살았던 나는 흑과 백으로 세상을 가르는 일에 늘 반감을 품고 있었다. 모호함과 방황, 흔들림은 내 실존의 기호였다. 어느 때부터인지 다리 놓는 사람이 되고 싶었다. 신비와 일상, 욕망과 절제, 역사와 시간, 역사와 내면, 지혜와 실용 사이를 넘나들며 사유의 지평을 넓히고 싶었다. 유진 피터슨은 바로 그런 작업을 질투가 날 정도로 잘 수행한 삶이었다. 예리하면서도 따뜻하고, 나지막하지만 큰 울림을 주는 그의 글을 읽으면 소란하던 마음이 고요해진다. 『잘 산다는 것』을 곁에 두면 정말 잘 살 수 있을 것 같다.

김기석 청파교회 담임목사

유진 피터슨의 글은 지하 깊은 곳에서 길어 올린 암반수와 같다. 분산된 마음으로 훑어 읽으면 맹물처럼 느껴진다. 암반수는 입에 머금고 잠시 그 맛을 음미한 후에 정성스럽게 넘겨야 그 진가를 느낄 수 있는 것처럼, 그의 글은 마음을 집중하여 차분히 읽고 멈추어 그 의미를 곱씹어야 한다. 그럴 때 그가 연구와 묵상과 실천을 통해 전하는 반짝이는 영감들을 발견할 수 있다. 그런 점에서 이 책은 유진 피터슨의 글의 성격에 가장 잘 맞는 형식이라 할 수 있다. 손이 자주 가는 곳에 놓아두고 하루에 한두 주제씩 읽고 곡진하게 묵상한다면 그리스도를 아는 지식과 그분을 따르는 삶에서 실한 성장을 경험하게 될 것이다. 깊은 묵상을 돕는 또 하나의 친구를 환영한다.

김영봉 와싱톤사귐의교회 담임목사

유진 피터슨의 목소리는 내가 있어야 할 합당한 자리로 계속 되돌아가게 한다. 특유의 통찰, 이야기, 설교가 담긴 그의 글은 지친 영혼을 하나님의 임재와 능력이 주는 위안으로 불러들인다. 『잘 산다는 것』은 독자를 평온케 하고 격려하는 심오한 책이다.

매트 챈들러 액츠29네트워크 대표, 빌리지 교회 담임목사

인간 언어에 부여된 많은 능력 중 가장 대단한 것은 말을 사용하여 말씀이신 하나님을 예배한다는 것이다. 이 책을 통해 우리는 혼란하고 복잡하여 어수선한 상황에서 하나님의 존귀하심을 더욱 분명히 거듭 인식하게 된다. 『잘 산다는 것』에 나오는 간결하고 힘 있는 언어는 보기 드문 문장이다. 참으로 귀하게 여겨야 마땅하다. 이 글들은 순수한 예배의 마중물로서 모든 아름다움의 근원이신 분께 아름답게 예배하는 자리로 독자를 이끌 것이다.

캐런 스왈로우 프라이어 사우스이스턴 침례신학교 영문학 및 기독교와 문화 연구교수

성경 전통에서 지혜문학은 하나님이 의도하시는 좋은 삶을 분별하도록 돕는다. 이 책은 유진 피터슨의 목회적 지혜, 성경 묵상, 예수님의 삶과 길을 숙고한 여러 글을 모은 선집으로, 그의 부드러운 음성과 예리한 통찰을 담고 있다. 예수님을 닮은 삶에서 우리의 형성과 번영을 도와줄 거름이다.

글렌 패키엄 뉴라이프 교회 협동선임목사

현자sage는 이제 듣기 힘든 단어가 되었다. 요즘은 현자가 너무나 적기 때문이다. 그러나 유진 피터슨은 심오한 지혜를 갖춘 현자였다. 진부한 실용서가 넘치는 시대에 『잘 산다는 것』은 전혀 결이 다른, 우리에게 필요한 책이다. 이 책에는 잘 사는 법을 제대로 아는 저자가 무엇이 좋은 삶인지를 다룬 일련의 사색이 담겨 있다. 우리 시대에 필요한 지혜가 그득하다.

브라이언 잰드 워드오브라이프 교회 목사

유진 피터슨은 이 모든 하나님의 진리들이 삶으로 드러나고 거리로 나가게 하는 것이 기독교 영성의 핵심이라고 주장했다. 하나님의 지혜는 언제나 관계적이어서 하나님 앞에서 사람들과 함께 추구하는 진정한 삶의 문제들과 골칫거리, 위험과 기쁨 속으로 우리를 데려간다. 그는 이것을 알고 있었다. 그렇기 때문에 이 책에 담긴 많은 글이 기록된 맥락, 즉 이 글들의 원천이 그가 이끄는 소규모 회중에게 쓴 목회적 서신이었다는 사실이 참으로 중요하다. 이 글들은 경건한 추상적 관념이 아니라 교우들에게 보낸 인격적 글로, 참되게 살라는 하나님의 매혹적인 초청을 받아들이라고 우리 모두를 초대한다.

윈 콜리어 웨스턴 신학교 내 유진피터슨기독교상상력센터 소장

잘 산다는 것

Eugene H. Peterson

On Living Well

Brief Reflections on Wisdom for Walking in the Way of Jesus

잘 산다는 것

예수님의 길을 걷는 지혜로운 삶

유진 피터슨

홍종락 옮김

잘 산다는 것

2022년 10월 11일 초판 1쇄 발행
2024년 7월 23일 초판 9쇄 발행

지은이 유진 피터슨
옮긴이 홍종락
펴낸이 박종현

(주) 복 있는 사람
주소 서울특별시 마포구 연남동 246-21 (성미산로23길 26-6)
전화 02-723-7183 (편집), 7734 (영업·마케팅) 팩스 02-723-7184
이메일 hismessage@naver.com
등록 1998년 1월 19일 제1-2280호

ISBN 979-11-92675-15-2 03230

하나님으로 시작하여라.

지식의 첫걸음은 하나님께 엎드리는 것이다.

어리석은 자들만이 지혜와 지식을 업신여긴다.

잠언 1:7, 메시지

유진 피터슨의 책을 처음 만난 장소가 정확히 기억납니다. 2006년 여름, 브루클린 시내였습니다. 점심시간이었고, 거의 매일 하던 대로 인근 서점에 가 있었지요. 스물여섯 살의 목사였던 나는 돈도 없으면서 서점 통로를 오르내리며 살 만한 책을 찾고 있었습니다. 그날, 강한 흥미를 불러일으키는 제목이 눈에 들어왔습니다. 『그리스도께서 만 곳에서 노니신다』*Christ Plays in Ten Thousand Places**였습니다.

참 희한한 제목이라고 생각했습니다. 저자의 이름은 어딘가 익숙했습니다. (나는 『메시지』 성경을 갖고 있었음에도 그 책이 유진의 작품이라는 것을 몰랐습니다.) 점심시간이 5분밖에 남지 않은 상태에서 책을 집어 펼쳐 읽기 시작했습니다.

20분 후, 유진의 유쾌한 산문과 예리한 신학적 통찰에 푹 빠져 있던 나는 문득 정신이 들었습니다. 시간 가는 줄 모르고 있었던 거지요. 허겁지겁, 한 권밖에 없던 그 책을 서점의 다른 코너에다 숨겨 놓았습니다. 그리고 다음 날 점심시간, 사무실에서 달려 나와 숨겨 둔 책을 찾았습니다. 책을 구입했고, 얼마 지나지 않아 책은 표시가 안 된 쪽이 없을 정도가 되었습니다. 브루클린에서 한 영혼이 그렇게 성장했습니다. 유진과 나의 인연은 그렇게 시작되었고, 이후 그가 책을 펴낼 때마다 찾아서 읽었습니다.

---

* 우리말로는 『현실, 하나님의 세계』(IVP)로 번역 출간되었다.

예리한 글솜씨와 자주 간과되거나 별개라고 생각했던 영역들에서 통합적 통찰을 이끌어 내는 그의 능력은 내게 깊이 영향을 끼쳤습니다. 여러 면에서 유진의 작품은 내게 '입문코스'였습니다. 신학적 통찰과 문학에 대한 새로운 눈을 열어 주었습니다. (오늘날 내가 소설과 시를 읽는 것은 주로 유진 덕분입니다.) 그의 증언을 통해 나는 은혜의 자연스러운 리듬에서 흘러나오는 거룩한 설교를 해야 한다는 신선한 부담에 직면했습니다.

그리스도께, 성경에, 세상 속에서 교회가 감당해야 할 증언에 쏟는 그의 전폭적인 헌신을 보면서 나는 하나님이 나를 부르신, 믿음과 목회적 상상력에 대한 비전을 갖게 되었습니다. 그것은 효율성, 불안한 권력놀음, 피상적인 제자도 측정기준이라는 우상들을 지목하고 거기에 저항하게 해줍니다. 나는 이 비전을 지금도 추구하고 있습니다.

오늘날 우리에게는 유진이 영성 형성에 관해 강조한 내용이 절실히 필요합니다. 하나님과 **함께하라**, 성경의 이야기 안에서 우리를 만나시는 그분과 새롭게 조우하라, 우리 문화의 소음과 가치관 속에서 철저히 분별을 실천하라는 새로운 촉구들 말입니다. 한마디로, 우리는 잘 사는 법에 대한 훈련이 필요하고 오랜 순종을 위한 가르침이 필요합니다. **지혜**가 필요합니다. 성령께서 우리를 사랑, 기쁨, 평화라는 실재 안으로 은혜롭게 이끄신다는 온전한 확신을 갖고 하나님의 심오한 반문화적 길을 지혜롭게 파악하고 따라가자고 여러분께 호소하는 바입니다.

여러분이 손에 쥔 이 책은 그 목표로 가는 길을 제시합니다. 나는 15년째 유진의 책들을 읽어 왔지만 이 책을 보면서 그의 단어에 대한 사랑과 그 안에 아름답게 응축된 지혜에 다시금 깊은 인상을 받았습니다. 이 책에서 유진은 영성 형성이 이루어져야 할 폭넓은 주제를 다루는데, 모두가 일상을 잘 살아 내는 것을 목표로 하고 있습니다.

잘 사는 것의 핵심은 성취, 소유, 안락함이 아닙니다. 그것들은 너무나 피상적입니다. 잘 사는 것의 핵심은 언행일치, 진실성, 그리고 무엇보다 사랑입니다. 잘 사는 것은 우리의 내면을 잘 관리하는 데서 시작됩니다. 하나님이 우리의 내면을 통해 우리에게 오신다는 온전한 인식을 갖고 마음의 움직임을 점검하는 일 말입니다. 잘 사는 것은 우리의 '육체성'을 받아들이는 것을 의미하는데, 이것은 일할 때든 놀 때든 쉴 때든 우리가 하는 모든 일에서 신성함을 맛보는 데 도움이 됩니다. 잘 사는 것은 하나님의 임재 및 다른 사람들의 존재와 함께하는 능력으로 드러납니다. 잘 사는 것은 묵상, 세밀한 사고, 느긋한 대화, 긴 낮잠, 그리고 좋은 포도주에서 나옵니다. 세상에 필요한 것이 있다면, 그것은 잘 사는 것에 대한 지혜입니다. 이 책에 담긴 사색들은 바로 그 지혜를 전해 줍니다.

이 책을 읽어 나갈 때, 하나님의 초청에 세심히 주의를 기울이십시오. 여기에는 목사·새 신자·구도자를 가리지 않는, 모든 사람을 위한 메시지가 담겨 있습니다. 일부 내용은 분량은 짧아도 그 심오한 지혜를 이해하려면 일종의 렉시오 디비나*Lectio Divina, 느긋하게, 반복해서, 기도하며 읽기*가 필요합니다. 유진이 신실하게 본을 보여준 잘 사는 삶은, 건성으로 급하게 읽고 대충 읽는 식으로는 생각도 할 수 없습니다. 이 책을 읽을 때 일기장을 옆에 두고 자신에게 다가

오는 진리를 곱씹으면 좋습니다. 그리고 이 책을 기도의 도약대로 사용하십시오. 여러분이 이 안에서 만나게 될 글은 새로운 정보만을 다루는 것이 아니라, 그리스도 안에서 이루어지는 우리의 영성 형성을 위한 것이기 때문입니다.

2021년 뉴욕시에서
리치 빌로다스
뉴라이프펠로십 교회 담임목사

유진 피터슨은 평범한 삶의 비범한 영성을 믿었습니다. 삶의 실제적이고 거친 모서리에서 멀어지라고 말하지 않습니다. 그는 그리스도인들에게 예수님의 생명 안에서 자라갈수록 더욱 인간적이 되어야 한다고 촉구했습니다. 일상생활은 대단한 아름다움과 진정한 위험이 있고 잦은 농담이 오가는 현장이며, 지혜롭게 행하는 것은 세상이 우리 앞길에 펼쳐 놓은 복잡한 문제들을 헤쳐 나가는 기술입니다. 유진은 기독교적 지혜를 발휘하며 걸어가야 할 이 길을 격려하고자 목회하고 설교하고 가르치고 책을 쓰고 무엇보다 살아 냈습니다.

유진의 방대한 문서와 미출간 자료에는 예수님 안에 있는 이 삶의 비전에서 태어난 아름답고 현실적인 지혜의 수많은 사례가 들어 있습니다. 그중 상당수는 아주 짧지만—방백이나 괄호 속 진술 등의 형태로—위대한 영적 저술의 전통을 따르고 있어 그 내용은 깊습니다. 그것들은 힘들게 얻어 낸 뿌리 깊은 지혜에서 나온 것으로, 다른 사람들이 좀 더 신실하고 능숙하고 이해력을 갖고 예수님의 길을 걸어가도록 돕겠다는 하나의 분명한 목표를 공유합니다.

『잘 산다는 것』에는 그런 보물들 중 최고의 것들을 많이 모아 냈습니다. 여기 실린 글 중 상당수는 유진이 메릴랜드 주 벨 에어에 있는 '그리스도 우리 왕 장로교회'의 사랑하는 교인들에게

20년 넘게 매주 배포한 주간 목회서신 「아멘!」에서 뽑았습니다. 유진이 그 소식지에 거의 매주 실었던 짧은 목회적 글들의 수준과 깊이는 작가로서의 실력과 아주 작은 일도 탁월하게 감당하고자 했던 그의 자세를 잘 보여줍니다. 이외의 다른 글들은 같은 기간에 '그리스도 우리 왕 교회'에서 전했던 설교나 목회 현장에서 썼던 짧은 미출간 원고들에서 가져왔습니다. 우리의 편집 작업은 아주 제한적으로만 이루어졌습니다. 일부 철 지난 내용은 시대에 맞게 바꿨고, 언어의 명료함과 명쾌함을 위해 자잘한 부분을 여러 군데 빼거나 더한 다음, 그 내용이 의미 있는 전체를 이루도록 구성했습니다. 이 책은 어느 부분부터 봐도 무방하지만, 첫 쪽부터 시작해서 순서대로 끝까지 읽어 나간다면 잘 짜인 구성과 자연스러운 흐름을 맛보는 보상을 받을 것입니다. 유진도 기쁘게 여겼을 특성들이지요.

이 책에 담긴 지혜는 목회사역의 정점에서 자신이 돌보는 사람들에게 솔직하고 따뜻하고 허심탄회하게 말하는 유진의 모습을 보여줍니다. 그의 가족들과 긴밀히 협력하여 이 책의 출간을 준비한 워터브룩출판사 팀의 바람은, 변치 않는 유진의 성경적 통찰과 현실세계 속 그리스도인의 삶의 경이들을 향한 그의 뜨거운 사랑에 힘입어 독자가 시대의 한계를 뛰어넘어 그를 자신의 목회자로 만나는 것입니다. 현실세계는 곧 우리가 살아가는 세계니까요.

잘 사시길.

폴 J. 패스터

편집자

차례

도입

✿

우리는 해본 적이 없는 일을 하고 있습니다. **사는 것** 말입니다. 우리는 인생의 초심자로서 살면서 사는 법을 배워야 합니다. 동물들에게는 평생을 썩 잘 이끌어 주는 본능이라는 게 있습니다. 우리는 모든 것을 직접 배워야 하지요. 하지만 모든 것이 시행착오일 필요는 없습니다.

우리는 잘 살았던 남녀들을 주목하고 그들과 어울릴 수 있습니다. 우리도 잘 사는 법을 파악하게 되기를 바라며 그들이 어떻게 살았는지 살펴볼 수 있습니다. 잘 살고, 온전하게 살고, 주위 사람들과 큰 사랑을 누리며 살고, 하나님을 크게 신뢰하며 살 수 있도록 말입니다.

우리는 지켜볼 만한 가치가 있는 삶을 찾아볼 수 있습니다. 이 일을 잘해 낸 사람들, 사랑으로 살았고 믿음으로 살았던 사람들을 찾아볼 수 있습니다. 제대로 살지 못한 삶의 부분이 거의 보이지 않는 이들을 찾을 수 있습니다. 우리에게 무엇이 가능한지 보여줄 수 있는 사람들, 최상의 삶을 향한 우리의 욕구를 자극할 수 있는 이들 말입니다. 여기서 최상의 삶은 인간에게 가능한 최상의 삶을 말합니다.

그리스도께서 주시는 최상의 삶.

1부
시작들에 관하여

지금까지 있었던 일들은 잊어라.

지나간 역사에 연연하지 마라.

다만, 깨어 있어라. 현재에 깨어 있어라.

이제 나는

전혀 새로운 일을 행할 것이다.

이미 시작되었다! 보이지 않느냐?

여기를 보아라!

내가 사막 가운데 길을 내고,

황무지에 강을 낼 것이다.

이사야 43:18-19, 메시지

On Living Well

일러두기

1. 이 책에 인용된 성경구절은 『개역개정』을 사용했으며, 다른 번역본일 경우 별도로 표기했다.
2. 숫자로 표시된 주는 원서의 주이고, *로 표시된 주는 옮긴이 주다.

말씀이 첫 번째였습니다

❧

내가 너를 모태에 짓기 전에 너를 알았고
네가 배에서 나오기 전에 너를 성별하였고
너를 여러 나라의 선지자로 세웠노라.

— 예레미야 1:5

말씀이 첫 번째였습니다. 말씀이 다른 모든 것에 앞섰습니다. 우리가 모태에서 잉태되고 형태를 갖추기 전에, 우리가 태어나기 전에, 그 어떤 일도 벌어지기 전에 말씀이 계셨습니다.

해나 달이나 별들이 있기 전에 말씀이 계셨습니다. 나무와 꽃과 물고기가 있기 전에 말씀이 계셨습니다. 정부와 병원과 학교가 있기 전에 말씀이 계셨습니다.

말씀이 첫 번째가 아니었다면, 모든 것이 엉망이 되었을 것입니다. 말씀이 두 번째였다면—또는 세 번째나 네 번째였다면—우리는 창조의 깊은 신적 리듬과 연결되지 못했을 것입니다. 말씀이 옆으로 밀려나 행동과 프로그램의 종이 되었다면, 우리는 육신이 되신 말씀이신 우리 주님으로부터 흘러나오는 구속의 광대한 내면적 샘과 이어지지 못했을 것입니다.

말씀을 허투루 대하거나 부주의하게 여길 때 우리는 하나님이……말씀으로 창조하시는 본질적이고 인격적인 친밀함으로부터 멀어집니다.

출생

✍

모든 출생은 경이롭습니다. 생명이 세상에 침입합니다. 존재가 공간과 시간에 침투합니다. 텅 비었던 곳에 모양과 움직임이 들어찹니다. 침묵이 소리와 곡조로 채워집니다. 외로운 땅이 사회가 됩니다. 출생은 떨림을 낳고 우리 내면 깊은 곳을 흔들어 우리의 우주를 동요하게 합니다.

미지의 에너지들이 방출되고 예상 밖의 창조물들이 만들어집니다. 우리는 그 에너지들에 감동받고, 변화되고, 죽음에서 풀려나 생명으로 들어갑니다. 출생은 육체적 경험이자 믿음의 사건입니다.

첫 출생으로 우리는 발길질을 하고 악을 쓰면서 세상의 빛 속으로 나옵니다. 두 번째 출생으로 우리는 하나님의 빛 가운데서 그분을 찬양하고 믿게 됩니다. 우리 이전의 사랑의 행위에 의해, 우리는 특정한 방식으로 보고 존재하게 되는데, 그것은 참으로 우리가 세상을 보고 존재하는 방식이 됩니다. 우리는 **생명**으로 진입하게 됩니다.

출생은 일상의 현실이지만, 세상에 난 신생아의 출생도, 그리스도 안에서 새로운 피조물의 출생도 언제나 놀랍습니다.

우리는 갇혀 있지 않습니다

&

우리처럼 산만하고 변덕스러운 사람들은 관심을 끄는 커다란 장치가 있어야만 메인쇼에 주목합니다. 그래야 우리 삶에 있는 거대한 하나님의 차원을 보고 그 큰 하나님 이야기에 귀를 기울이지요. 우리의 모든 이야기는 하나님 이야기의 한 부분을 이룹니다.

물론 우리의 이야기에는 우리가 바꿀 수 없는 요소가 많습니다. 우리는 키나 나이를 바꿀 수 없고 기본 지능을 바꿀 수 없습니다. 출생지나 혈통도 바꿀 수 없습니다. 기껏해야 체형과 정서적 기질 정도를 수정할 수 있을 뿐입니다. 우리의 삶, 환경, 조건에는 고스란히 감당해야 하는, 이미 **정해진 요소**가 아주 많습니다.

우리는 각자 원하는 환상을 교회에 투사하고는 기대하는 것이 보이지 않는다는 이유로 화를 내며 떠나곤 합니다. 그런가 하면, 교회가 소명에 충실하게 살지 못하는 것처럼 느껴져서 심한 죄책감에 사로잡히기도 합니다. 하지만 죄책감은 더 많은 에너지를 소진하게 할 뿐입니다. 우리가 그저 해야 하는 일은 지금 벌어지는 상황에 주목하는 것입니다. 사도행전 시대 사도들의 행적부터 우리 시대 이곳 우리 공동체 그리스도인들의 행함까지 이어지는 성령의 역사에 주목하는 것입니다.

그러나 우리는 지금의 이 삶에 갇혀 있지 않습니다. 우리는 변할 수 있습니다. 변화될 수 있습니다. 이것은 예수 그리스도 안에서 주어지는 하나님의 약속이자 그리스도인의 삶의 핵심을 이루는 경험, 즉 **회심**을 말합니다.

이것의 의미는 간단합니다. 우리 존재의 중심, 핵심으로부터의 변화가 가능하다는 것입니다. 잃었던 생명을 찾는 변화, 자기 중심성에서 하나님 중심성으로의 변화, 초조하게 움켜쥐던 태도에서 예수 그리스도를 믿는 믿음의 삶을 확신 있게 받아들이게 되는 변화가 가능합니다.

이 변화들은 우리 주위에서 수없이 진행되고 있습니다. 때로는 우리 안에서 일어나기도 합니다. 회심에 대한 미국적 관점은 회심을 갑작스럽고 극적인 일로 봅니다. 그렇지 않다면 제대로 된 회심이 아니라고 합니다. 그러나 대부분의 회심은 오랜 기간에 걸쳐 조용히 이루어집니다. 우리가 그런 회심 이야기들의 극적인 면을 보지 못하는 것은 충분한 성경적 훈련이 부족하여 성령의 일하심을 분별하지 못하기 때문입니다.

우리는 지금의 모습에 머물 필요가 없습니다.

성장

ஒ

그때에 예수께서 성령에게 이끌리어 마귀에게 시험을 받으러 광야로 가사 사십 일을 밤낮으로 금식하신 후에 주리신지라.

— 마태복음 4:1–2

인간이 된다는 것은 어려운 일입니다. 이 세상의 모든 피조물 중에서 우리는 가장 힘든 과업을 받았습니다. 크로커스*로 지내기란 쉽습니다. 결정을 내릴 필요도 없고, 일정을 맞출 필요도 없고, 실망을 견딜 필요도 없지요. 크로커스는 겨우내 자다가 눈이 녹고 햇살에 지면이 따뜻해지면 땅을 뚫고 올라와 꽃을 피워 우리 모두의 기립박수를 받습니다. 고양이의 삶은 쉽습니다. 나이 드는 것을 염려하지 않고, 세계정세로 당혹할 일도 없고, 실행에 옮겼든 상상만 했든 간통 때문에 죄책감을 느끼지도 않습니다. 고양이는 카펫 위에서 털단장을 하고, 편한 시간에 낮잠을 자면서 가르랑거리고, 인간 집사들의 찬사를 도도하게 무시합니다.

그러나 인간이 되는 것은 쉽지 않습니다. 절대 쉽지 않습니다. 우리는 계절이 바뀌면서 자동으로 성숙해지지 않습니다. 본능을 따라간다고 자연적으로 대단한 만족에 이르게 되지 않습니다. 우리는 비틀거리고 실패합니다. 의심하고 질문합니다. 노력하

---

* crocus: 대표적인 봄맞이꽃.

고 배웁니다. 뭔가 좀 알겠다 싶으면, 다른 일이 벌어져 당황하게 됩니다.

예수님은 인간이 된다는 것, 진실로 인간이 된다는 것의 의미를 보여주는 최고의 본보기입니다. 그분을 바라보면 여자나 남자가 되는 일의 믿을 수 없는 매력과 심오한 경이로움을 발견하게 됩니다. 그 일이 얼마나 어려운지도 깨닫게 됩니다. 그분이 우리를 인간 이하의 존재로 쪼그라들게 만들려는 모든 힘과 싸우시는 것을 보게 됩니다. 하나님의 영광을 위해 사는 길에서 우리를 벗어나게 만들려는 모든 영향력과 대결하시는 것을 봅니다.

우리는 예수님이 광야에서 40일간 유혹과 시험을 받으실 때 하신 언행에 주목함으로써 인간이 된다는 것에 어떤 어려움이 있는지 기본적인 방향을 잡게 됩니다. 예수님처럼 되기 위해서는 하나님의 말씀으로 변화되고 빚어지고 성숙해져야 합니다.

새로운 소금

∞

우리 주님의 말씀을 기억하십시오. "소금은 좋은 것이다. 그러나 소금이 짠맛을 잃으면, 무엇으로 그 짠맛을 회복하겠느냐?" 눅 14:34, 새번역 난외주.

주님의 질문에 대한 답변은 간단합니다.

회복할 수 없습니다.

소금광산으로 가야 합니다. 새로운 소금을 파내야 합니다.

톱니바퀴가 아니라 성도

ço

오랫동안 모든 그리스도인은 서로를 성도聖徒라고 불렀습니다. 그들은 잘 살았든 못 살았든 관계없이, 경험이 많든 적든 상관없이 모두 성도였습니다. **성도**는 그들의 수준 높거나 덕스러운 행위가 아니라 그들이 어떤 삶을 위해 선택받았는지를 가리키는 단어였습니다. 그것은 전장battlefield에서의 삶이었습니다. '성도'는 대단한 일을 해낸 뒤에 얻는 칭호가 아니라 누구 편인지 알리는 표지였습니다.

성도는 하나님 편으로 구별된 상태를 뜻합니다. 이 단어는 인간이 톱니바퀴가 아님을 의미합니다. 상황에 따라 정해진 곡조나 행진곡을 연주하는 피아노의 건반이 아니라는 의미입니다. 우리가 상황의 물결에서 건짐을 받아 하나님이 하시는 중요한 일을 위해 선택되었다는 뜻입니다.

하나님은 무슨 일을 하십니까? 늘 해오시던 일을 하십니다. 구원하십니다. 구해 내십니다. 복 주십니다. 공급하십니다. 심판하십니다. 치유하십니다. 밝혀 주십니다. 세상에서는 영적 전쟁이 벌어지고 있습니다. 도덕적 전면전입니다. 세상에는 악과 잔인함, 불행과 질병이 있습니다. 미신과 무지, 만행과 고통이 있습니다. 하나님은 이 모두에 맞서 계속해서 힘차게 싸우고 계십니다.

하나님은 생명 편이시고 죽음에 반대하십니다. 하나님은 사랑 편이시고 증오에 반대하십니다. 하나님은 소망 편이시고 절망에 반대하십니다. 하나님은 천국 편이시고 지옥에 반대하십니다. 우주에는 중립지대가 없습니다. 발 딛고 설 만한 모든 공간은 전쟁터입니다.

그리고 우리 모두는 이 전쟁에서 그분의 편으로 징집되었습니다.

답 없는 질문

ca

우리의 관심을 사로잡는 것은 무엇입니까? 우리를 더 낫게, 행복하게, 안전하게 만들어 준다는 개념과 초대, 주장, 열정들이 쏟아집니다. 우리를 향해 소리치고, 거래를 제안하고, 촉구하고, 밀어붙입니다. 그 모두가 옳을 수는 없습니다. 그 모두가 중요할 수는 없습니다. 그러나 그중에는 분명히 옳고 중요한 것이 있을 테지요.

중심적인 것과 주변적인 것을 어떻게 구분합니까? 이 어지러운 논란의 소용돌이 어디쯤에서, 어디서 방향을 잡을 수 있을까요? 앞이 안 보이는 논쟁의 폭풍을 뚫고 어떻게 집을 찾아갈까요? 우리 삶의 진실을 말해 준다고 주장하는 군중의 밀침과 떠밂 한복판에서 굳건히 설 만한 개인의 자리를 어떻게 구할까요?

우리의 관심은 어디로 향합니까? 가장 큰 목소리입니까? 가장 기발한 슬로건입니까? 가장 거창한 약속입니까?

네모난 말뚝

ℰℭ

현 시대는 사람들을 위한 역할을 준비해 놓고 우리가 거기에 맞추기를 기대합니다. 우리는 그 역할을 무난하게 감당하도록 요청받습니다. 좋은 소비자, 제멋대로 사는 쾌락주의자, 의기양양한 소유주, 가차 없는 경쟁자, 만족하는 고객으로서 말이지요. 그러나 문제가 하나 있습니다. 그리스도인들은 거기에 들어맞지 않는다는 사실입니다. 믿음의 사람들에게는 날카롭고 거북한 모서리가 있습니다. 우리는 둥근 구멍에 박아 넣은 네모난 말뚝 같습니다.

사회는 우리가 잘 적응하고 수익을 올리고 안전할 수 있도록 그 날카로운 모서리들을 인정사정없이 깎아 냅니다. 저널리즘, 오락, 교육, 광고의 거대한 에너지가 바위 위로 계속 쏟아지는 거센 물줄기처럼 우리를 침식시켜 매끄럽고 세속화된 상태로 만들려고 합니다.

우리는 저항합니다. 우리는 바울에게 이런 경고를 받았습니다. "여러분을 둘러싸고 있는 세상의 틀에 억지로 맞추지 말고 하나님이 새로 만드시는 사람이 되어 마음의 태도를 전부 바꾸십시오" 롬 12:2, 필립스성경. 그러나 순응하라는 압박이 너무나 강력한 세상에서 그리스도인의 회복된 정체성, 모서리가 각진 원래의 정체성을 어떻게 유지할까요?

그리스도인들의 오래된 합의에 따르면, 우리의 각을 날카롭게 유지하는 핵심기술은 우리의 영적 실천입니다. 우리는 기도와

굳은 의지로 기본적인 신앙의 실천에 힘쓰고 제대로 방향을 잡아 우리의 날카로운 정체성, 즉 하나님보다 조금 못한 피조물로서의 정체성을 유지해야 합니다. 세상은 동물보다 나을 바 없는 편안하고 평범한 상태로 우리를 밀어 넣으려고 끊임없이 시도하지만 거기에 굴복해서는 안 됩니다.

죽음, 그다음에 삶

&

예수님은 우리에게 살 준비를 시키시면서 죽을 준비도 시키십니다. 복음의 역설이지요. 예수님은 삶을 위해 먼저 죽음을 준비하셨습니다. 그다음 그분은 우리를 준비시키십니다. 우리는 습관적으로 삶을 먼저 생각하고 그다음에 죽음을 생각합니다. 예수님은 이런 우리의 인식을 확 바꾸셔서 먼저 죽음을 생각하고 그다음에 삶을 생각하게 하십니다. 이 죽음에는 생물학적인 죽음도 결국 포함되지만 그것이 주된 것은 아닙니다.

예수님은 우리를 망상의 죽음으로 이끄시는데, 망상은 잘 죽지 않습니다. 예수님은 우리를 자기의지의 죽음으로 인도하시는데, 자기의지는 끈질기게 살아남습니다. 예수님은 우리를 죄의 죽음으로 이끄시는데, 죄는 목숨이 아홉 개인 고양이입니다. 예수님은 우리를 사순절의 죽음으로 이끄시는데, 사순절의 죽음을 지나야만 부활절에 부활로 날아오를 수 있습니다.

기본으로 돌아가기

❦

시인이자 화가였던 윌리엄 블레이크는 이렇게 말했습니다. "다른 이에게 도움이 되고자 하는 사람은 작고 구체적인 일들을 통해 그렇게 해야 한다."[1] 전쟁 중인 나라들에 대한 상상이 담긴 큼직한 머리기사가 매일같이 쏟아지는 오늘날, 우리 그리스도인들은 각자가 당면한 상황에서 수행할 수 있는 '작고 구체적인' 사랑과 기도에 헌신하기로 다짐할 필요가 있습니다.

세계정세에 대한 우리의 의견과 주장은 그 무엇도 이루어 내지 못하지만, 우리에게는 하루에도 몇 번씩 평화를 일구고 기도하고 사랑하여 하나님 나라를 실행할 기회가 있습니다. 일과를 반복하다 보면 잔해가 쌓입니다. 한때 필요했지만 더는 필요하지 않은 것들, 처음 시작할 때는 필수적인 일이었지만 이제는 쓸데없이 피로만 안겨 주는 활동들 말입니다. 철마다 집 안 대청소가 필요합니다. 그렇지 않으면 물건을 너무 많이 사게 되고 물건을 찾느라 헤매게 됩니다. 지혜로운 그리스도인은 하나님 앞에서와 서로에 대해 원하는 자신의 모습을 방해하는 것이라면 무엇이건 제거합니다.

가르멜회 수도사 로렌스 형제의 사례를 볼까요? 그가 남긴 말은 『하나님의 임재 연습』이라는 책을 통해 전해집니다. 그는 말 그대로 기본에 충실한 사람이었습니다. 믿을 수 없을 만큼 단순명쾌하게 살았습니다. 로렌스 형제의 회심은 그가 어떤 사람인지 말해 주는 매우 특징적인 것이었습니다. 열여덟 살의 어느 한겨울, 그는 잎이 다 떨어진 마른 나무가 눈밭에 황량하게 서 있는 광경을 보았습니다. 그 모습 앞에서 그는 다가올 봄이 가져올 변화를 깊이 생각했습니다. 그리고 그 순간, 내면에 봄이 찾아오는 사람이 되기로 결심했습니다. 그리스도의 생명이 그의 전 존재 안에 뿌리를 내리고 꽃을 피우게 하기로 말입니다. 이것이 전부였습니다. 너무나 간단했습니다. 그 겨울나무가 로렌스에게 설교를 했고, 그는 회개하고 믿었습니다.

로렌스는 수도원의 요리사가 되어 남은 생을 솥과 냄비 사이에서 보냈습니다. 식사를 준비하고 빵을 굽고 부엌 바닥을 쓸면서 줄곧 하나님의 임재를 연습했습니다.

그리스도인들은 300년이 넘는 세월 동안 그의 글을 읽어 왔습니다. 그 안에서 평화와 새로운 에너지를 발견하고 하나님의 임재에 대한 단순한 연습이라는 기본으로 돌아갈 수 있었습니다. 그것은 단순하지만 쉽지 않습니다. 기본이지만 아무나 할 수 없습니다. 우리는 단순해지는 것에 제대로 관심을 기울여야 합니다. 우리가 받을 수 있는 도움을 총동원해야 기본에 충실할 수 있습니다.

씨에 대하여

℘

하나님의 말씀은 그리스도인의 씨입니다. 씨 뿌리는 자의 비유^{마 13장}는 이 사실을 잊을 수 없을 만큼 명료하게 설명합니다. 말씀은 하나님의 능력으로 우리 삶에 들어오고, 우리가 제대로 받는다면 그 말씀은 우리 안에서 증식하여 우리 삶에 하나님께 영광이 되는 많은 결실과 수확을 가능하게 만들 수 있습니다. 하나님의 말씀은 그리스도인의 삶에 이유, 힘, 방향, 지각을 심고, 그 시점부터 신자는 그리스도 안에서 새 삶을 살 수 있게 됩니다. 그리스도께서 그 안에 사시기 때문입니다. 그리스도인은 하나님의 말씀이라는 씨가 싹트고 자란 끝에 완성되는 나무입니다.

그런데 그리스도인은 교회의 씨입니다. 그리스도인과 교회의 관계는 하나님의 말씀과 그리스도인의 관계와 같습니다. 씨와 다 자란 식물의 관계와도 같지요. 교회는 그저 그리스도인들의 집합체가 아닙니다. 하나님에 관한 비슷한 믿음을 가진 많은 개인들을 일컫는 쉬운 호칭이 아닙니다. 교회는 하나의 독립체입니다. 영적 형태와 특성과 본질을 가진 생명이 그 안에 있습니다.

물론 이 모든 것은 눈에 보이지 않습니다. 그저 보는 것만으로는 누군가가 그리스도인인지 아닌지 알아볼 수 없습니다. 그리스도의 생명은 감추어져 있기 때문입니다. 이 생명이 특정한 여러 가시적 표현으로 드러나는 것은 사실이지만, 그 본질은 감추어져 있습니다. 교회의 경우도 마찬가지입니다. 겉으로 볼 때 교회는 구

잘 산다는 것

성원들—대체로 일관된 하나의 정책이나 신념에 동의하는 개인들—로 이루어진 협회나 기관처럼 보입니다. 그러나 하나님의 말씀은 교회 안에서 뭔가 다른 일이 실제로 벌어지고 있음을 우리에게 알려 줍니다. 교회는 그리스도가 머리이고 우리 모두 지체인 영적 몸입니다. 그 몸에 포함되는 순간, 우리는 우리만의 것이 아닌 삶을 살게 됩니다. 교회의 생명에 참여하게 되는 겁니다.

우리는 씨가 됩니다.

땅속에서 자람

❧

교회는 (하나님의 형상으로 만들어진) 인간이 그리스도의 수준에 이
르기까지 형성되는 일을 위한 공동체입니다. 그 형성은 복잡한 과
정이고, 그 작용은 대부분 보이지 않고 들리지도 않습니다. 우리에
게 보이고 들리는 내용은 상당 부분 잘못 형성된 것이어서 불만족
스럽습니다. 그러나 기억하십시오. 어떤 씨는 땅속에서 몇 년씩 머
무른 다음에야 싹을 틔운다는 것을.

좋은 삶

❧

그리스도인들은 매일 운 좋은[2] 삶을 시작합니다. 놀라운 은혜의 삶, 예기치 못한 기쁨을 누리는 삶. 그 안에서 그들은 받은 복을 헤아립니다. 그것은 쉬운 삶이 아닙니다. 안락한 삶이 아닙니다. 그리스도인들은 일터로 나가 그리스도의 탄생, 죽음, 부활이 성령을 통해 그들 안에 부어 주는 새 생명의 여러 세부내용을 탐구하고 경험합니다. 사람이 다 설명할 수 있는 게 아니라서 산뜻하고 완벽하게 이해가 되지는 않습니다만, 이것은 좋은 삶이고 그리스도인들이 제 힘으로 얻어 낸 것이 아닌 **좋은** 일로 가득합니다. 참 운이 **좋지요.**

온전함으로 부름받다

☙

가끔 우리는 특정한 생각이나 행동이 하나님을 기쁘시게 하고, 그분 앞에서 우리의 가치를 증명하는 데 꼭 필요하다고 생각합니다. 그래서 특정한 생각에 사로잡히거나 특정한 행동을 받아들입니다. 그런 유의 생각과 행동은 완전히 감탄할 만한 것일 때가 많습니다. 십계명을 예로 들어보겠습니다. 우리가 십계명을 지키려고 최선을 다한다면 누가 우리를 나무랄 수 있겠습니까? 십계명 준수에 성공한다면 누가 우리에게 감탄하지 않겠습니까?

그런데 예수님은 그런 우리를 나무라십니다. 믿거나 말거나, 우리는 그분의 칭찬을 전혀 들을 수 없습니다. 오히려 그분은 우리를 공격하십니다. 예수님은 우리의 도덕적 개념들과 모범적 행동들을 공격하십니다. 그것들은 인격적 하나님—그리고 그분의 사랑, 그분의 자비, 우리 삶에서 이루시는 그분의 구원목적—과 직접 상대하는 일을 막기 위해 우리 주변에 쌓아 올리는 전형적인 구조물입니다. 하나님을 피해 우리가 자신의 신이 되고 우리에게 가장 잘 맞는 방식으로 삶을 꾸려 나가기 위한 방법인 것입니다. 그러나 예수님은 우리가 그런 식으로 빠져나가게 내버려 두지 않으십니다. 그분이 원하시는 것은 우리, 우리 마음, 그분과 우리의 따스한 사랑-믿음의 관계이지, 그분 앞에서 우리가 올바른 도덕적 행위를 냉담하게 해내는 것이 아닙니다.

예수님은 여러 위로의 말씀을 들려주신 일로 유명합니다.

많은 사람들은 우리가 방해가 될 때 소리를 지르고 자신들의 계획에 지장을 줄 때 저주합니다. 말로 가하는 채찍질은 아픕니다. 우리는 부상을 입고 모멸감을 느낍니다. 굴욕감과 당혹감에 시달립니다. 말이라는 무기는 우리를 다치게 하고 절뚝거리게 만들 수 있습니다. 하지만 예수님의 말씀은 결코 그런 일을 하지 않습니다. 그분은 우리의 존재가 점차 온전해지게 하는 방식으로 말을 사용하는 데 능하십니다. 그분의 말씀에 귀를 기울이다 보면 정신이 온전해지고 존엄성이 회복되는 것을 발견합니다. 그러나 언제나 소망을 주고 사랑이 깊어지게 하는 예수님의 말씀이 우리를 늘 달래기만 하는 것은 아닙니다. 때로 그 말씀은 우리 마음을 너무나 아프게 합니다. 그분의 말씀은 망치와 같아서 우리가 아끼고 좋아하는 잘못된 생각을 박살 내기도 하고, 없으면 도저히 살 수 없을 것 같은 소중한 우상을 허물기도 합니다.

이런 일은 우리 영혼의 심장에 병이 생겨 하나님께 힘차게 반응하지 못하게 되는 것 같은 때 일어납니다. 우리 내면의 근육이 탄력을 잃어 질기고 거칠어지는 때 말입니다. 예수님은 가슴 아픈 말씀으로 이 상태를 치료하십니다. 내면의 딱딱함을 깨뜨리고 우리 영혼이 다시 유연하고 편안하게 반응할 수 있게 해주십니다. 그분이 우리에게 원하시는 것은 그저 선함만이 아닙니다. 그분의 말씀은 우리를 사랑하는 자리로 불러내십니다.

말할 수 없이 평범한 것

⁓

덜 물질적이 된다고 해서 더 영적이 되는 것은 아닙니다. 믿음의 삶은 바위와 물이 있는 곳에서 이루어집니다. 미국인이나 이탈리아인이나 노르웨이인다운 특성이 줄어드는 방식으로 더 그리스도인다워지는 것이 아닙니다. 남자나 여자나 청년이나 아이다운 특성이 줄어드는 방식으로 더 독실해지는 것이 아닙니다. 그리스도 안에서 자라려면, 비범하고 세상을 놀라게 할 만한 일만 찾아서는 안 됩니다.

　믿음의 삶은 다른 모든 삶, 즉 폭력, 섹스, 탐욕, 상업, 정부와 뒤섞입니다. 믿음의 삶의 말할 수 없는 평범함을 깨닫는 일에는 강력한 힘이 있습니다.

존재하기, 행하기

చ్స

그냥 존재하기, 그냥 행하기. 이것들은 하나님의 두 가지 큰 선물이요, 다른 모든 선물의 기초입니다. 우리는 이 두 가지 위대한 역량으로 거듭거듭 되돌아가서 이것들을 육성해야 합니다.

    기도가 선사하는 통찰력을 활용하고 하나님 앞에 있는 법을 배움으로써 일상의 사건들을 균형 있게 바라볼 수 있어야 합니다. 그러면 현실의 사건들이 우리에게 닥칠 때, 우리는 각 사건을 우리의 구체적 필요들에 맞게 세심하게 설계된 성령의 역사로 인식하게 될 것입니다. 모든 사건은 하나님의 살아 있는 손가락이 움직여 우리—몸, 혼, 영—안에 성자聖子의 진정한 형상을 스케치하는 일입니다. 그 형상은 성부께서 처음에 우리에게 주신 것이고, 지금 회복시키고 계십니다.

네가 낫고자 하느냐?

୧୬

우리는 탁월성을 추구하는 본능을 타고났습니다. 우리는 온전함을 바라보며 자랍니다. 최고의 것을 향해 손을 뻗습니다. 선을 향한 목마름, 의를 향한 굶주림이 있습니다. 따라서 왜 그토록 많은 사람들이 그토록 엉망으로 사는지가 수수께끼입니다. 많은 이들이 사악하다기보다는 어리석게, 잔인하다기보다는 우둔하게 살아갑니다.

우리 문화의 유명한 사람들 대부분은 존경할 만한 면모가 별로 없고 본받을 만한 면은 더더욱 없습니다. 유명인은 있어도 성인聖人은 없습니다. 유명 연예인들이 지루해하는 불면증 환자들의 나라를 즐겁게 해줍니다. 악명 높은 범죄자들이 소심한 순응주의자들의 공격성을 실행에 옮깁니다. 심통 사납고 제멋대로 구는 운동선수들이 게으르고 심드렁한 관중 대신 경기를 합니다. 목적 없고 지루한 사람들은 쓰레기 같은 하찮은 것들로 즐거워합니다. 선의 모험도 의의 추구도 그들의 헤드라인을 장식하지 못합니다.

유명인사로 매일 소개되는 사기꾼들에게 완전히 넌더리가 날 때, 어떤 이들은 최고의 것, 탁월한 것을 바라는 욕구를 채우려고 성경을 찾습니다. 진정한 남자, 진정한 여자가 된다는 것은 무엇을 의미할까요? 성숙하고 진정성 있는 사람은 일상생활에서 어떤 모습으로 드러날까요?

우리는 성경의 내용에 놀라기 십상입니다. 거기에는 탁월한 도덕적 사례도, 본받을 만한 흠 없는 미덕의 본보기도 없으니까요. 아브라함은 거짓말을 합니다. 모세는 살인을 저지르고 불평을 합니다. 다윗은 간음을 저지릅니다. 베드로는 신성모독을 합니다. 야곱은 사기를 칩니다. 우리가 성경에서 발견하는 것은 완전함이 아니라 실체의 직면입니다. 성경 속 인물들은 하나님과 함께하면서 독보적으로 영광스러운 믿음의 삶을 살라는 그분의 도전을 받습니다.

예수님은 베데스다 연못가에 있던 사람*에게 물으셨습니다. "네가 낫고자 하느냐?"요 5:6. 그 단순한 질문에는 좀 더 많은 내용이 함축되어 있습니다. 온전해지고 **싶으냐?** 최고의 모습으로 살고 **싶으냐?** 저는 그 사람이 반쪽짜리 인생에 익숙해졌을 거라고 생각합니다. 그는 그저 그런 삶에 적응했습니다. 그럭저럭 지내는 데 익숙해졌습니다. 그는 쉽게 생각해 낼 수 있는 핑계를 대며 예수님께 대답했습니다. "나를 들어서 못에다가 넣어 주는 사람이 없습니다"7절, 새번역. 다시 말해, "도와줄 사람이 없다"는 것입니다. 이 말에는 자기연민이 들어 있습니다. 어쩌면 그는 반쪽짜리 인생이 다른 사람들의 탓이라고 말하고 있는 것인지도 모릅니다.

현재의 상태를 지속할 이유를 찾기는 쉽습니다. 그 사람은 왜 그냥, "예, 낫고 싶습니다"라고 말하지 않았을까요? 어떤 면에서는 의존하는 쪽이 더 쉬울 수 있기 때문입니다. 더 낫지는 않아도 더 쉬울 수 있습니다. 더 의미 있지는 않아도 더 쉬울 수 있습니다. 더 만족스럽지는 않아도 더 쉬울 수 있습니다.

---

* 요한복음 5장에 나오는 38년 된 병자.

예수님은 그 사람의 핑계를 무시하고 온전함을 명령하셨습니다. "일어나 네 자리를 들고 걸어가라"[8절]. 예수님은 우리에게 최고의 일을 명령하고 탁월한 삶으로 던져 넣으십니다. 우리가 자신에게 그런 삶을 받아들일 힘이나 능력이 있는 줄 전혀 알지 못한 상태에서 말입니다.

죄에 눌린 우리 사회가 제공하는 틀에 박힌 그릇은 열정적인 삶을 담지 못합니다. 우리는 "이렇게 초라하게 죽어 가는 상태로"[3] 또 하루, 또 한 시간을 살 필요가 없습니다. 예수님은 우리에게 무엇이 잘 맞는지 아십니다. 그리고 한 말씀으로 우리가 그 일을 잘할 수 있게 만드실 수 있습니다.

기대에 찬 삶

☙

"기대는……아마도 기독교 최고의 기능이자 가장 두드러진 특징일 것이다."[4]

그리스도인들은 잔뜩 기대하며 살아야 합니다. 기민하고, 기뻐하고, 긍정하고, 눈을 크게 떠야 합니다. 준비하며 살아야 합니다. 우리는 무엇을 고대하고 있습니까? 한마디로 말하면, **하나님**입니다. 우리는 하나님이 오신다는 것을 압니다. 그것은 그분의 가장 특징적인 움직임입니다. 하나님은 떠나지 않으십니다. 어슬렁거리지 않으십니다. 그분은 오십니다. 그분의 백성인 우리에게 오십니다.

우리는 그리스도를 기대하며 하나님의 다음번 움직임에 전심으로 참여할 준비를 해야 합니다. 선택을 내려야 합니다. 창조세계와 역사에서는 똑같은 일들이 단조롭게 반복된다고 섣불리 생각하면서 풀어진 마음과 흐트러진 정신으로 되는 대로 사시겠습니까? 아니면 하나님이 여전히 오시고 말씀하실 거라고 확신하면서 정신 바짝 차리고 열심히 사시겠습니까? 우리를 향한 기대에 찬 명령은 깨어나라입니다.

우리의 사명은 하나님이 과거에 하신 일과 미래에 하실 일을 연결하는 삶을 사는 것입니다. 발작하고 경련하듯, 변덕스럽게, 유행에 따라 사시겠습니까? 아니면 하나님이 친히 시작하신 일을 완성하실 것이라 믿고 일관성 있고 유기적으로 사시겠습니까? 우리를 향한 기대에 찬 명령은 **사랑하라**입니다.

하나님이 내일 하실 일을 즐겁게 기대하며 살 수 있게 하는 기술들을 연마해야 합니다. 원하는 것을 다 갖지 못했다거나 다음에 무슨 일이 닥칠지 모른다는 이유로 불안해하고 불평하고 짜증내면서 사시겠습니까? 아니면 하나님이 다음번에 하실 일이 선한 것이리라 굳게 믿고 기쁨 가운데 사시겠습니까? 우리를 향한 기대에 찬 명령은 **기뻐하라**입니다.

형성하는 믿음

☙

믿음의 행동은 우리에게 가장 중요한 것입니다. 우리의 믿음은 은행잔고, 평판, 학벌보다 훨씬 더 중요합니다. 성공한 악당은 은행잔고가 두둑하고, 들키지 않은 위선자들은 평판이 좋고, 고학력자들은 악한 목표를 추구합니다.

믿음은 성품을 형성하고, 행동을 만들어 내고, 삶에 일관성을 부여합니다. 동물은 행동과 서식처의 관점에서 묘사할 수 있지만, 인간을 설명할 수 있는 것은 믿음뿐입니다. 우리가 제 한 몸 간수하는 데만 관심이 있고, 하나님을 전혀 의식하지 못하고, 선조나 후손에 대해 어떤 책임도 지지 않는다면, 참으로 인간답게 **산**다고 말할 수 없습니다.

그러나 믿음이라는 단어는 평판이 나쁩니다. 믿음은 미지근하고 탁한 개숫물 같은 단어입니다. 야고보는 1세기 그리스도인들 사이에서 세속화된 믿음에 놀란 나머지 분노하고 실망하여 이렇게 썼습니다. "네가 하나님은 한 분이신 줄을 믿느냐? 잘하는도다. 귀신들도 믿고 떠느니라"^{약 2:19}. 야고보가 편지를 보낸 공동체의 사람들은 하나님을 믿는다고 자랑스럽게 떠벌렸지만, 하나님이 창조하신 사람을 잔인하게 대하고 무시했습니다. 한 세대 만에 그들은 고귀하고 강력한 단어에 오명을 안겨 주었습니다. 그들에게 **믿음**은 종교적 감정을 뜻했습니다. 숭고한 것 앞에 설 때 느껴지는 영혼의 떨림 같은 것 말입니다.

그러나 그 감정은 그들의 삶에 모래밭의 발자국만큼도 영향을 주지 못했습니다. 바로 이어서 밀려드는 다른 감정의 물결(이번에는 분노, 다음에는 열정)이 모든 떨림의 흔적을 씻어 버렸습니다. 그 정도 감정은 악마에게도 있습니다! **감정**의 동의어로 쓰이는 **믿음**은 무의미합니다. 죽은 단어입니다. 참된 믿음은 부활을 요구합니다. 주와 구주이신 예수 그리스도께 개인적으로 헌신할 때 찾아오는 부활 말입니다.

하나님에 대한 개인적 헌신을 포함하지 않는 믿음은 무의미합니다. 시시한 감정이지요. 믿음은 우리 삶의 모든 것을 포함하는 행위여야 합니다. 믿음은 하나님이 하시는 일에 참여하게 만듭니다. 하나님이 우리 행동의 중심이 되십니다. 하나님은 창조하시고 구원하십니다. 복 주시고 보존하십니다. 세상은 의미로 번뜩이고 매혹적인 아름다움을 뿜내고 살아 움직입니다. 창조의 하나님이 행동하시기 때문입니다. 믿음은 이 세상에서 이루어지는 하나님의 행동에 참여하게 만듭니다.

사람들이 믿음의 언어를 늘어놓기만 하고 하나님이 일상에서 행하시는 일은 회피하는 것은 엄청난 낭비이자 신성모독입니다.

신나게 살기

인생이 시시해졌습니까? 옛 열정이 사라졌습니까? 인생은 "꿈이 서서히 줄어들고, 꿈을 서서히 포기하는 것"[5]이라고 한 제임스 미치너의 말처럼 되고 있습니까? 많은 이들이 그렇게 느낍니다. 도덕률은 무기력해지고, 이런저런 목표들은 매력을 잃고 있습니다. 상상력은 느슨해집니다.

그러나 무기력하게 살도록 창조된 사람은 없습니다. 지루한 운명을 타고난 사람은 없습니다. 하나님은 우리를 놀라운 피조물로 설계하시고 영원한 허기와 갈증을 주셨습니다. 빈둥거리며 피곤에 전 목소리로 "다음은 뭐지?"라고 묻기를 바라고 그렇게 하셨을 리가 없습니다.

철학자 니콜라이 베르자예프는 이렇게 썼습니다. "선한 삶을 사는 것은 따분하고 맥 빠지고 평범한 일일 때가 많다."[6] 우리의 가장 큰 숙제는 이 삶이 맹렬히 불타오르게 하고 창조적이고 영적 싸움이 가능한 상태로 만드는 것이라고 그는 주장했습니다.

예수님은 비유와 본을 통해 삶의 중심이 되는 활력과, 치열함과 참여와 헌신을 일깨우는 현실에 우리를 눈뜨게 하십니다. 예수님의 본보기는 우리에게 하나님을 바라보고 추구하며 살라고, 기대하며 살라고, 하나님의 은총의 에너지로 삶이 커지고 성장하는 방식으로 살라고 촉구합니다. 그리스도의 삶의 방식은 우리 인생에서 밝음을 빼앗아가거나 우리 믿음에 약속된 기쁨을 손상하는 모든 것에 대한 거룩한 공격입니다. 해방을 약속하지만 사실은 우리를 지루함 속에 가두는 모든 것을 파괴합니다. 그분을 따라가면 열정적이고 의미심장하게 살아갈 수 있게 됩니다.

잘 산다는 것

꿈과 환상

∾

삶의 대부분은 우리가 흔히 볼 수 없는 것들로 이루어집니다. 꿈과 환상은 오감으로 접근할 수 없는 실재를 보는 수단입니다. 우리는 현미경으로 아주 작은 것을 보고, 망원경으로 아주 멀리 떨어져 있는 것을 보고, 꿈과 환상으로 진실을 봅니다. 세상에는 우리를 표면에 머물게 만드는 강한 힘들이 있습니다. 그 힘들은 우리 삶의 풍성한 내면을 약화하고, 볼 수 있고 집을 수 있고 구입 가능한 존재로 우리를 축소시킵니다. 이것이 세상이 하는 일입니다. 죄가 하는 일입니다. 우리는 직무능력 소개란에 적어 넣을 수 있는 내용으로 자신을 규정합니다. 하나님이 우리에게 꿈과 환상을 주시는 것은 우리가 온전한 것에 접근하게 하시려는 것입니다. 그리스도께서 대신하여 죽으신 세상과 그리스도께서 거하시는 온전한 사람 말입니다.

성경에 나오는 몇몇 이야기들을 생각해 보십시오. 아브라함의 환상, 야곱의 꿈, 발람의 환상, 솔로몬의 꿈, 마리아의 환상, 요셉의 꿈 말입니다. 우리가 이들의 꿈과 환상에 대해 읽을 때마다, 삶은 깊어지고 세상이 달라집니다. 우리는 사정이 다를 것 같습니까? 환상 vision 은 삶에 꼭 필요합니다.

도약하고, 살고, 사랑하라

✑

하나님은 우리에게 도약하고, 살고, 사랑하라고 요청하십니다. 눈에 보이는 자아의 불확실성에서 보이지 않는 믿음의 확실성으로 **도약하라**고, 둔하게 살지 말고 간절하게 **살라**고, 간접적 방식이 아닌 직접적이고 인격적으로 **사랑하라**고 요청하십니다.

복음에 따르면, 우리 각 사람은 믿음의 도약과 순전하고 인격적인 존재로의 삶과 어쩌면 처음일지 모를 친밀한 사랑으로 부름받았습니다. 그리스도께서는 그분의 삶을 통해 우리가 자신의 독특함, 기쁨, 탁월함을 억누르지 않고 오히려 확장시키는 방식으로 도약하고 살고 사랑하는 법을 보여주십니다.

부스러기를 청하는 외침

❧

가나안 여자 하나가 그 지경에서 나와서 소리 질러 이르되 "주 다윗의 자손이여, 나를 불쌍히 여기소서. 내 딸이 흉악하게 귀신 들렸나이다" 하되 예수는 한 말씀도 대답하지 아니하시니 제자들이 와서 청하여 말하되 "그 여자가 우리 뒤에서 소리를 지르오니 그를 보내소서."

— 마태복음 15:22-23

이 여성에게는 당돌함이 있고, 그것이 우리의 관심을 사로잡습니다. 그녀는 짜증 날 정도로 예수님께 졸랐고 간청 끝에 긍휼을 얻어 냈습니다. 마태가 복음서에서 들려주는 그녀의 이야기는 우리가 흔히 금기시하는 경험의 한 차원을 열어 주었습니다.

어쩌면 마음을 가라앉히고 경건한 자세를 취하지 않아도 기도할 수 있을지 모릅니다. 구원의 계획을 잘 알지 못해도 도움을 간청할 수 있을지 모릅니다. 다른 모든 사람이 너무나 쉽게 다가가는 것 같은 삶의 풍성한 잔치에서 나만 배제되었다고 느낄 때, 어쩌면 우리는 방 안으로 밀치고 들어가고 팔꿈치로 사람들을 헤치며 상석으로 나아가 남은 음식의 일부라도 청해야 하는지도 모릅니다.

이것은 목사들과 부모들이 가르친, 예수님께 나아가는 공손한 방식은 아니지만 한 번은 효과가 있었습니다.

어쩌면 다시 효과가 있을지도 모릅니다.

너그러우신 하나님

ↂ

당신의 품삯이나 받아 가지고 돌아가시오. 당신에게 주는 것과 꼭 같이
이 마지막 사람에게 주는 것이 내 뜻이오. 내 것을 가지고 내 뜻대로 할
수 없다는 말이오? 내가 후하기 때문에, 그것이 당신 눈에 거슬리오?

— 마태복음 20:14-15, 새번역

후하신 하나님은 잘 적응이 되지 않습니다.

우리는 성장과정과 세상에서 자리를 찾는 과정 가운데 많은
죄책감을 쌓아 왔습니다. 우리는 하나님이 존재한다면, 그분이 우
리를 호되게 꾸짖고 벌하고 면박을 줄 적당한 시기를 기다리고 계
신다고 생각합니다.

그런데 놀랍게도 예수님은 정반대의 이야기를 들려주십니다.

잘 산다는 것

발버둥은 이치에 맞는 행위입니다

⚬

그리스도인의 삶은 뭔가 좋은 것을 들으라는 초청입니다. 슬프고 침울하거나 비극적인 것으로의 초청이 아닙니다. 그리스도인의 삶이 맺는 열매 중 하나는 기쁨입니다. 찬양과 즐거움은 그리스도인이 바치는 예배의 전형적인 특징입니다.

　자, 우리가 가진 독특한 기쁨, 특정한 즐거움은 [복음이 안겨주는 것일 뿐] 죄를 피하거나 악을 회피하거나 불행에도 흔들리지 않도록 삶을 주의 깊게 구축하는 방식으로 성취하는 것이 아닙니다. 우리가 가진 기쁨과 즐거움은 너무나 강력하고 너무나 절대적이기에 비극을 능히 대면하고 극복할 수 있습니다. 기독교의 복음(좋은 소식)은 충분히 견고하기에 세상의 나쁜 소식을 흡수하고도 여전히 좋은 소식으로 남아 있을 수 있습니다.

　짧은 우화가 생각이 납니다. 개구리 두 마리가 크림이 절반 정도 채워진 항아리에 떨어졌습니다. 한 마리는 냉정하게 상황을 평가한 뒤 발버둥 쳐봐야 소용없다는 것을 깨닫고 작은 손가락을 한데 모으고는 빠져 죽었습니다. 그러나 다른 개구리는 그렇게 지성파가 아니어서 발버둥을 멈추고 상황을 분석하지 않았습니다. 녀석은 다른 개구리와 같은 정보를 갖고 있지 않았기 때문에 살겠다고 계속 발버둥을 쳤습니다. 녀석이 빠르게 발길질을 계속 해대자 크림이 서서히 걸쭉해지다가 버터 덩어리가 만들어졌습니다. 감성파 개구리는 이 고형 덩어리로 기어 올라가 거기서 펄쩍 뛰어서 항아리를 벗어났습니다.

이 이야기는 기독교 신앙에 대한 요약으로 나쁘지 않습니다. 발버둥이 이치에 맞는 행위라는 선언입니다. 저는 세상이 뭐가 잘못되었는지 설명하는 데에 다른 사람보다 나을 바가 없습니다. 그러나 저는 사람들이 가장 심각한 굴욕과 거절을 경험하고도 결국 의미 있는 삶을 살 수 있다고 증언할 수 있습니다. 하나님이 그 안에서 역사하시기 때문입니다. 저는 예수님이 경험하셨고 직면하셨던 고난 때문에 복음이, 좋은 소식이 생겨났다는 것을 증언할 수 있습니다. 고난은 그분을 침울하고 우울한 사람으로 만들지 못했습니다. 그리고 저는 다른 이들의 고난에 함께하고 삶의 절망에 맞설 때 제 안에서 또 다른 힘이 역사하는 것을 발견한다고 증언할 수 있습니다. 예수 그리스도의 은혜라는 그 힘은 우리가 다시 상황을 헤쳐 나가게 해주는데, 그 과정은 이상하게도 기쁨 비슷한 것을 안겨 줍니다.

2부
단순함에 관하여

내가 이 모든 것을 다 얻었다거나 다 이루었다고 말하는 것
이 아닙니다. 나는 다만, 놀랍게도 나를 붙드신 그리스도를
붙잡으려고 내 길을 갈 뿐입니다. 친구 여러분, 내 말을 오
해하지 마십시오. 나는 결코 나 자신을 이 모든 일의 전문가
라고 생각지 않습니다. 나는 하나님께서 우리를 손짓하여
부르시는 그 목표, 곧 예수만을 바라볼 뿐입니다. 나는 달려
갈 뿐, 되돌아가지 않겠습니다.

빌립보서 3:12-14, 메시지

On Living Well

환영

&

하나님은 우리에게 오십니다. (떠나지 않으십니다.)

하나님은 우리 세상에 임하십니다. (외계로 떠나지 않으십니다.)

그러나 환영이 있기 전에는 임재가 완성되지 않습니다. 인사가 없으면 방문이 만족스러울 수 없습니다. 우리는 하나님을 환영할 준비가 되었습니까? 그분을 맞이하기 위해 정신을 바짝 차리고 있습니까? 그분을 영접할 환대의 기술, 그분이 우리 삶과 세상에서 환영받게 할 기술을 연습하고 있습니까?

간과

❦

어떤 것들은 너무 작아서 우리가 간과합니다. 그런가 하면 너무
커서 간과하는 것들도 있습니다. 거대한 산의 기슭에 사는 사람들
이 어릴 때는 산을 자주 보아도 커서는 더 이상 쳐다보지 않는 것
과 같습니다. 그러나 산은 그들의 삶에서 가장 의미심장한 지리적
특성입니다. 산은 날씨를 좌우하고 토양을 결정하고 경계를 표시
합니다.

하나님은 이 산처럼 명백하고 필수적이고 피할 수 없는 방
식으로 거대하십니다. 인격적이고 열정적이고 은혜롭고 자비로운
면에서는 더더욱 거대하십니다. 그분에게는 외적 광대함 "하늘이 하나님
의 영광을 선포하고", 시 19:1 못지않은 내적 광대함이 있습니다 "주의 구원의 즐거움",
시 51:12. 우리 모두는 그것을 보았고 그로 인해 탄성을 질렀고 변화
되었습니다. 그러나 그런 거대한 세상에서 몇 년째 살다 보면 더
는 그것을 보지 못하게 되기 쉽습니다. 대형화물차에 치이지 않고
도로를 건너는 것 같은 긴급한 일상적인 일에 묻혀 하나님을 인식
하지 못하게 되는 것이지요. 그렇기 때문에 우리는 공동체로 모여
협력해야 합니다. 그래야 우리 삶에서 하나님의 위대한 임재를 인
식할 수 있습니다. 우리는 스스로 일깨우고, 문 앞에 찾아오신 그
분의 노크 소리가 진공청소기의 소음 때문에 묻히지 않게 하고,
바쁜 생활에서 일부러 벗어나려 애씁니다. 우리 주변과 우리 안에
계신 하나님을 보고 듣고 만지기 위해, 충분히 오랫동안 입을 다

물고 귀를 기울여 우리에게 오시는 하나님의 이야기를 참으로 경청하기 위해서입니다. 예수님 안에서 태어난 이야기, 우리 안에서도 태어난 이야기를 말입니다.

성경에 충실하다는 것

❧

성경을 인용하는 것만으로 성경에 충실하다고는 할 수 없습니다.

유혹을 받고 넘어지는 이들과 광야의 삶을 함께할 때, 예수님의 십자가를 지고 갈 때, 예수님의 이름으로 아낌없이 사랑할 때, 비로소 성경에 충실한 것입니다.

덜 행하는 것

✍

자라면서 쌓은 경험에서 좋은 그리스도인의 모습에 대한 개념을 얻는 이들이 많은 듯합니다. 어릴 때 우리는 좋은 아들딸, 좋은 소년소녀는 어떤 식으로든 일을 거든다고 배웠습니다. 쓰레기 치우기, 설거지, 이부자리 정돈, 장난감 사이좋게 갖고 놀기 등이지요. 처음에는 전적으로 보살핌을 받다가 조금씩 자기 몸을 건사할 줄 알게 되고, 부모님을 돕고, 더 나아가 다른 사람들을 보살피기에 이르렀습니다.

그러나 그리스도인의 삶은 이와 거의 정반대입니다. 그리스도인의 삶은 하나님이 우리를 보살피시도록 전적으로 맡기는 것입니다. 처음에 우리는 시간이 갈수록 더 많은 책임을 맡고 주님을 섬기는 일에 더 바빠질 거라고 예상하면서 도울 수 있는 일을 찾으려 노력합니다. 하지만 기도와 예배와 신뢰와 사랑의 실천에 숙달될수록 뜻밖에도 우리는 점점 더 **받는** 자가 되고 우리의 삶을 선물과 은혜로 경험하게 됩니다.

여기에 역설이 있습니다. 덜 바쁠수록 본질적으로 기독교인답게 행할 자유가 커진다는 것입니다. 일거리, 일람표, 끝없는 도덕주의적 대청소로 자신과 서로를 들볶는 정도가 덜해질수록 창조적이고 소명에 충실한, 참으로 생산적인 삶에 더 집중하게 됩니다.

우리가 덜 일할수록 주 성령께서 우리 안에서 우리를 통해 행하시는 것을 더 많이 발견하게 됩니다.

예수님으로 인한 위험

❧

예수님은 안전한 분이 아닙니다. 예수님을 따를 때 우리는 목숨을 겁니다. 우리는 하나님이 우리 편이 되어서 우리가 안전하기를 원하지만, 예수님은 위험이 가득한 삶으로 우리를 부르십니다. 예배에 참여하여 우리 삶이 성경에 노출될 때 우리는 안전보장보다 훨씬 좋은 것을 발견합니다. 살아 계신 주님과 도저히 예측할 수 없는 적극적인 믿음입니다. 윌리엄 스태퍼드의 시 「창조적 글쓰기 수업」은 우리가 조심스럽게 원하는 것과 믿음으로 살 때 얻는 것을 다음과 같이 대조시킵니다.

그들이 원하는 것은 지도가 있는 황야.
하지만 새 출발을 하게 해주는 시행착오는 어떨까?[7]

예수님의 이야기라는 훈련장에서 우리는 위험을 감수하며 살고, 기대하며 살고, 은혜로 매일 우리를 놀라게 하는 연인이신 하나님과 함께 사는 법을 배웁니다.

믿음은 전두엽 절제술 같은 것이 아닙니다

෨

기독교 신앙은 우리를 로봇으로 바꿔 반사적으로 도덕적 행동을 하게 만들지 않습니다. 기독교 신앙은 어떤 문제도 깊이 따져 보지 않아도 되게 해주는 전두엽 절제술이 아닙니다. 예수님은 "내게 배우라"마 11:29 라고 말씀하셨습니다. 예수님은 우리의 마음을 빚으시고, 우리의 지성을 깨우치시고, 우리의 판단력을 성숙하게 만들기 원하십니다. 우리가 새 생명의 의미를 이해하고 거기에 참여할 수 있도록 말입니다.

가능한 불가능

ↂ

예수님의 가르침과 비유에 나타나는 그분의 말씀에는 현기증을 일으키고 혼란스러운 특성이 있습니다. 우리는 이런 생각을 하게 됩니다. '도대체 무슨 말씀을 하시는 거지? 이건 어리석은 설교 아닌가? 종교는 우리를 잘 적응된 시민이 되게 해야 하지 않나? 하나님은 우리가 온건하고 평온하게 살기를 바라지 않으시나?' 그러나 복음의 기록으로 돌아가 그 내용을 있는 그대로 다시 읽을 때마다, 우리는 예수님의 말씀 중에서 우리가 생각하는 평범한 삶과 다른 부분이 얼마나 많은지 새롭게 깨닫습니다. 그리고 우리가 습관적으로 그분의 말씀을 축소해, 이른바 '현실세계'에 끼워 맞춘다는 것을 깨닫습니다. 우리의 현실세계는 충분히 실제적입니다만, 그것은 많이 축소된 세계, 잿빛 세계, 평평한 지구 같은 세계입니다.

예수님의 말씀은 우리에게 확장된 세계, 밝은 세계, 3차원 세계의 소식을 전해 줍니다. 그 세상에서는 하나님의 다스리심과 자비를 흔히 경험합니다. 사랑은 가끔 있는 짧은 연애가 아니라 매일 상시로 해야 할 일입니다. 예수님의 말씀은 그분의 오심과 다스리심에 의해 안에서부터 속속들이 변화된 세상으로 우리를 안내합니다.

평범함에 가려진 비밀

෴

복음의 가장 비범한 특징은 평범함입니다. 하늘을 창조하시고 계절을 정하신 말씀이 **평범한** 사람들 안에 들어오셔서 영원한 생명을 만드신다니, 참으로 비범한 일입니다.

은혜에 의해 근본적으로 변화된 그 평범한 사람들이 여전히 아주 평범해 보인다는 것 또한 참 비범하지 않습니까? 52년 동안 인생을 엉망으로 살아온 남자가 예수 그리스도 안에서 살아 계신 하나님을 만나고 믿고 순종하여 완전히 새로운 피조물이 됩니다. 머리부터 발끝까지 모든 것이 속속들이 변합니다. 그러나 다음 날 잠자리에서 일어나 거리로 나서는 그는 여전히 키 174센티미터 몸무게 74킬로그램이고, 손등에는 검버섯, 턱에는 급하게 면도하다가 베인 상처가 있습니다. 그의 발음을 들어 보면 텍사스에서 나고 자랐음을 알 수 있습니다. 누가 봐도 그는 이전과 똑같은 모습으로 똑같이 말합니다. 그는 비밀을 감추고 있는 것일까요?

32년 동안 이기적이고 멋대로 살아온 여자가 예수 그리스도 안에서 살아 계신 하나님을 만나고 믿고 순종하여 완전히 새로운 피조물이 됩니다. 그녀는 아낌없이 사랑하고 용서하고 섬기기 시작합니다. 그러나 그녀가 다음 날 거울을 들여다보면 맘에 안 드는 턱, 눈가에 생기기 시작한 잔주름, 최근에 등장한 성가신 흰머리가 여전히 눈에 들어옵니다. 부엌에 들어갈 때는 평생 친구들이 놀리던 안짱걸음을 걷습니다. 그녀는 궁금해합니다. '새로운 피

조물이 된다는 것은 도대체 뭐지? 뭔가 비밀스러운 요소가 있는 걸까?'

비범하게도, 예수님은 주변의 평범한 남녀들 사이에 겸손하게 자리 잡으셨습니다. 부활하신 후에도 그분은 **평범해** 보이셨습니다. 무덤가의 마리아는 예수님을 보고 동산지기인 줄 알았습니다요 20:15. 엠마오로 가던 두 제자는 그분이 또 다른 평범한 여행자라고 생각했습니다눅 24:28-29. 갈릴리 바다에서 고기를 낚던 제자들은 해변에 계신 그분을 알아보지 못했습니다요 21:1-4. 수백 명이 길을 가시는 그분을 보았고 그분이 친구들, 가족들과 이야기하는 것을 들었지만, 하나님이 그분 안에, 그들 사이에 계셨음을 알아차리지 못했습니다.

왜 이런 비밀이 있는 걸까요? 예수님은 우리가 그분 안에 계신 하나님을 쉽게 발견하게 만들지 않으셨습니다. 그러나 가끔 짧은 순간들이 있었습니다. 영광이 눈부시게 뚫고 나와 즉시 알아볼 수 있는 순간들 말입니다. 예수님이 세례를 받으신 때가 그런 순간 중 하나였고, [변화산에서의] 변모도 그런 순간이었습니다.

평범함에 가려진 비밀이 드러나는 이런 순간들은 지금도 계속해서 나타납니다.

불현듯 떠오르는 갈망

ↀ

야곱의 우물이 거기에 있었다. 예수께서 길을 가시다가, 피로하셔서 우물가에 앉으셨다. 때는 오정쯤이었다. 한 사마리아 여자가 물을 길으러 나왔다. 예수께서 그 여자에게 마실 물을 좀 달라고 말씀하셨다.

— 요한복음 4:6-7, 새번역

그녀는 정말이지 소스라치게 놀랐습니다. 물 한 통을 뜨러 가던 길이었습니다. 헤아릴 수 없는 오랜 세월 동안 하루 두 번씩 해오던 일이었습니다. 낯선 사람이 그녀에게 말을 걸어 대화가 시작되었는데, 이 또한 자주 있던 일이었습니다. 그녀는 매력적이었으니까요. 평생 다섯 번, 이런 대화는 결국 결혼으로 이어졌습니다. 그녀는 놀리는 듯한 농담으로 대꾸했는데, 그녀에게는 자연스러운 대화 방식이었습니다.

대화가 시작된 지 몇 분 만에 그녀가 죽 잊고 살아왔던 허기와 갈증이 되살아났습니다. 그 허기와 갈증은 물 한 통을 마시거나 남자와 잠자리를 하는 식으로 채울 수 있는 것이 아니었습니다. 그녀는 하나님이 절실히 필요하다는 사실과 오래 억눌러 온 그분을 향한 열정이 자신에게 있음을 깨달았습니다.

그녀가 종교적인 사람이었거나 교회로 가던 길이었다면 이런 상황이 이해가 될 것입니다. 그러나 그녀는 결코 종교적인 사람이 아니었고 교회와 멀리 떨어져 지냈습니다. 그런데 화요일 정오에 우물에서 물을 긷던 그녀는 자신의 삶에서 하나님을 발견했습니다.

이런 일은 언제나 벌어집니다. 우리 모두에게 벌어집니다. 우리는 뜻밖의 시간에 상상도 못 한 장소에서 하나님을 만납니다. 늘 하던 일을 하다가 갑작스럽게 갈망이 깨어나고 공공연히 드러납니다. 무심히 하루를 보내다가 하나님의 말씀이 선포되는 것을 듣고 삶이 변합니다.

예수님은 이런 일을 많이 하셨고 지금도 하십니다. 우리는 각자의 자리에서 각자의 일을 하면서 하나님이 백만 마일쯤 떨어져 계신다고 생각하지만, 예수님은 이런 우리를 찾아오셔서 대화를 나누시고 삶을 바꿔 놓으십니다. 우리가 어떤 방식으로 살고 있든 이런 만남이 찾아올 수 있고, 언제든 이런 방문이 이루어질 수 있으며, 모든 일이 이런 만남의 무대가 될 수 있습니다.

실제적인 종교

~

하나님 아버지 앞에서 정결하고 더러움이 없는 경건[religion, 종교]은 곧 고아와 과부를 그 환난 중에 돌보고 또 자기를 지켜 세속에 물들지 아니하는 그것이니라.

— 야고보서 1:27

여러 교우와 이야기를 나눈 적이 있습니다. 어떻게 신앙에 입문하고 예수 그리스도와 관계를 맺게 되었는지 이야기하고 있었습니다. 교우 중 한 분이 예수님이 자신에게 얼마나 인격적인 분인지 인정하는 과정에서 아주 단호하게 단서를 달았습니다. "하지만 나는 종교적인 사람이 아닙니다." 그는 우리가 그 사실을 확실히 파악하도록 두 번이나 그 말을 반복했습니다.

우리는 파악했습니다.

많은 사람이 **종교적**이라는 말을 부정적으로 느낍니다. 저는 그 이유를 알 것 같습니다. 그들이 볼 때 **종교적**이라는 것은 말과 예절로, 사소하고 시답잖은 일들로 소란을 떠는 것입니다. 그것은 제가 누군가에게 들었던 '부엌 종교'에 해당하는 안전하고 무해한 일이고, 시내산에서 천둥처럼 내려온 말씀이나 골고다에서 쏟아부은 피와는 아무 상관이 없습니다.

하나님과 복음을 하찮은 것으로 만드는 이런 행태는 오래된 문제이고 우리가 끊임없이 직면하고 맞서 싸워야 할 문제입니다. 야고보는 1세대 교회에서 이 싸움을 주도한 인물이었습니다. 그는 편지를 한 통 썼는데, 1세기 회중에게 두루 회람된 이 편지에서 그는 어느 날 저녁에 제가 만난 그 교우처럼 "나는 종교적이지 않다"약 1:26 참조라고 말했습니다. 그는 종교(세상에서 이 단어는 평판이 좋지 못합니다)라는 단어를 가져다가 먼지를 털어내고 북북 문질러 씻어서 영광스럽고 신나는 원래 모습으로 회복시켰습니다.

우리는 그리스도 안에서 함께 살아가는 기본 원칙으로 돌아가야 합니다. 땅을 고르고 첫 출발을 잘해야 합니다. 더 나은 '종교'를 다시 발견해야 합니다.

종교와 믿음

✑

"인자가 올 때에, 세상에서 믿음을 찾아볼 수 있겠느냐?"^{눅 18:8, 새번역.}
종교(기관, 신경, 문서, 인공물 등)는 분명히 찾아볼 수 있겠지만, **믿음**
은 그럴 수 없을지 모릅니다. 믿음은 속속들이 인격적이고 역동적
이고 궁극적입니다. 하지만 종교는 믿음의 표현일 뿐입니다. 예를
들어, 종교는 기관(교회), 문서, 신앙진술(성경과 신학), 그리고 우리
의 신념과 도덕률에 관심을 둡니다. 종교는 중요하지만 궁극적으
로 중요하진 않습니다.

　　종교는 수단이지 목적이 아닙니다. 유일한 목적은 믿음입니다.

내막

✑

땅에 발을 붙이고 올바른 방향으로 향하려면 훈련이 필요합니다. 우리 삶의 '땅'은 거룩한 땅입니다. '올바른 방향'은 예수님의 십자가 쪽입니다. 어수선함이 우리 삶에 들어와 거룩한 땅을 어지럽힙니다. 여러 목소리가 상충되는 조언을 쏟아 냅니다. 우리는 어수선한 상태를 단순하게 정리하고 하나의 목소리에 귀를 기울여야 합니다.

내면을 가꾸기로 선택해야 합니다. 기도와 금식을 포함한 영적 훈련의 본질은 우리의 내막을 바로 아는 데 있습니다. 예수님 생애의 대부분은 보이지 않는 곳에서, 기도 가운데 이루어졌습니다. 우리가 예수님에 대해 아는 모든 것인 그분의 언행은 세상의 중심에서 방대하게 '이루어진' 구원에 대한 계시입니다. 표면적 사실들을 잘 아는 것으로는 충분하지 않습니다. 성경의 보고에 접근하는 것으로는 충분하지 않습니다. 모든 것의 핵심이 되는 내막, 하나님의 이야기가 필요합니다.

기도는 우리 내면으로, 우리 안에서 벌어지는 하나님의 행하심으로 다가가게 해줍니다. 하나님의 행하심은 우리를 이루는 가장 특징적인 요소입니다. 그것은 우리의 순환계, 뇌파, 골격구조보다 더 중요합니다. 그 막대한 중요성을 깨닫는 순간, 우리는 짧게 가끔 바치는 감사의 기도나 일반적 애통함을 표현하는 기도에 더는 만족하지 못하게 됩니다. 우리는 뭔가 포괄적인 것을 원하게

잘 산다는 것

됩니다. 우리 삶의 내막 전체를 엄밀하게 탐구하고 파악할 수 있는 기도 말입니다.

포장된 신은 신이 아닙니다

ဢ

하나님이라는 단어나 하나님에 대한 경험이 한 부족의 것, 한 민족
의 것, 한 개인의 것으로 국한된다면 그것은 왜곡입니다. 포장된
신은 결코 신이 아닙니다. 때로 이 사실은 받아들이기가 쉽지 않
습니다.

대부분 우리는 하나님을 우리 삶의 수준으로 축소하고 그분
을 안락한 생활의 관리자로 만들곤 합니다. 우리는 복음에서 마음
에 드는 부분을 챙기고 그 부분에만 집중합니다. 나머지는 빼버리
지요. 같이 예배드리면 좋은 소수의 친구들을 만나고 그 편안함을
고수하려 합니다. 다른 이들은 배제합니다.

그러다 성경을 펼치고 하나님과 교회에 관한 초기 신자들의
경험을 읽으며 우리가 다른 사람들을 무시할 수 없음을 깨닫습니
다. 진짜 교회가 되기 원한다면 그렇게 대해서는 안 되겠지요. 우
리는 손을 내밀어야 합니다. 그리고 새로운 도전, 새로운 사람들,
새로운 경험으로 우리 삶이 확장되는 것을 받아들여야 합니다.

더 깊은 욕구

⠶

나는 거의 넘어질 뻔하였고
나의 걸음이 미끄러질 뻔하였으니
이는 내가 악인의 형통함을 보고
오만한 자를 질투하였음이로다.

— 시편 73:2-3

저는 원하는 것을 아직 다 갖지 못했습니다. 내 삶은 하루 24시간, 주 7일 동안 쉬지 않고 가동되는 욕구 생산 공장입니다. 아침식사 때 오트밀 한 그릇으로 식욕을 채워도 정오에는 수프와 샌드위치가 먹고 싶어집니다. 몸을 따뜻하게 해줄 뿐 아니라 나를 돋보이게 하고 개성을 표현해 주는 옷에 대한 욕구는 유행에 맞게 정기적으로 업데이트를 해주어야 합니다. 그래야 끝없는 사회적 인정욕구가 채워집니다.

주변 사람들은 내게 그런 욕구가 있음을 알아내고 그것을 이용할 방법을 찾습니다. 돈을 벌기 위해서지요. 그들은 내 욕구를 자극해서 여러 방식으로 드러나게 만든 후 돈을 내면 해결해 주겠다고 약속합니다. 처음에는 대개 적법한 욕구로 시작하지만, 이내 그것은 왜곡되고 뒤틀리면서 사납고 통제 불능의 탐욕으로 변합니다.

기다리는 마음은 우리의 욕구가 탐욕으로 오염되는 과정을 차단합니다. 그 마음은 우리의 기본적 욕구인 하나님을 향한 욕구를 회복하게 하고 그 욕구를 잘 돌보도록 인도합니다. 근본적으로, 우리는 기도로 그 욕구를 돌봅니다.

하나님을 욕구 목록의 최상단에 둘 때, 우리는 기도의 자리로 향하게 되고 거기서 그분과 인격적으로 만나게 됩니다. (참으로, 하나님을 만날 수 있는 방법은 기도뿐입니다.)

우리는 **기도합**니다. 하나님을 향한 우리의 욕구를 기도로 표현하면 놀랍게도 그 욕구는 사라지지 않고 그대로 남습니다. 남아 있을 뿐 아니라 깊어집니다. 그래서 우리는 기다리게 됩니다. 온전함을, 그리스도의 오심을 말입니다. 기다리다 보면 초조해지고 쉬 짜증이 나기도 하지만, 점점 더 잘 돕고 준비된 사람으로 변모하기도 합니다. 기도하는 그리스도인에게 기다림은 복음의 기술입니다.

잘 산다는 것

평범한 보살핌

☙

다른 사람들을 보살피는 것은 우리가 할 수 있는 최고의 일입니다. 다른 사람들의 필요, 즉 상처와 고통, 슬픔과 실망, 절망과 비탄, 혼란과 당황을 돌아볼 때 우리는 최상의 모습이 됩니다. 격려의 말을 하고 상처를 싸매 주고 이끌어 주고 어려움을 나눌 때, 우리는 온전히 인간답게 행동하고 있는 것이지요. 그런 일을 할 때 수치심 또는 죄책감이 들거나 자신이 비열하다고 느끼는 법은 없습니다. 우리가 그런 일을 늘 잘하는 것도 아니고 때로는 엉망으로 하기도 합니다만.

다른 사람들을 돌보는 일에는 기술과 힘, 지성과 훈련이 필요합니다. 기분이 내킨다고 가끔 할 수 있는 일이 아닙니다. 하나님의 백성으로서 함께하는 삶은 무엇보다 다른 사람들을 돌보는 훈련을 말합니다. 이것 없이는 온전한 인간이 될 수 없습니다. 이 일을 하지 않으면 복음 안에서 즐거워하고 기뻐할 수 없습니다. 그래서 우리는 자신의 보살핌에 흠이 있어도 그 일을 멈추지 않습니다. 보살핌의 책임을 다른 사람들에게 넘기지 않습니다. 그 일을 배우는 평생의 수습생으로 살아가기로 헌신합니다.

히브리서에는 함께하는 삶의 이 특징에 주목하게 하는 간결한 본문이 있습니다. "서로 사랑하기를 계속하십시오. 나그네를 대접하기를 소홀히 하지 마십시오. 어떤 이들은 나그네를 대접하다가, 자기들도 모르는 사이에 천사들을 대접하였습니다"히 13:1-2, 새

번역. 이 본문은 마므레 상수리나무 아래 앉아 있던 아브라함 이야기를 떠올리게 합니다창 18:1-8 참조.

우리가 볼 때 아브라함은 하나님을 전부로 여겼던 사람입니다. 그는 광대하고 드높고 빛나는 은혜의 세상에서 살았습니다. 그는 믿었습니다. 그래서 그는 우리에게 중요한 인물입니다. 그는 하나님에 대한 믿음으로 살아갈 때만 우리가 온전히 살아 있을 수 있음을 알리는 증인입니다. 그러나 아브라함에게는 덜 알려진 면이 있습니다. 다른 사람들을 능숙하게 돌보는 사람이었다는 것입니다. 그는 하나님을 향한 열정적 관심 때문에 사람들에게 무심하지 않았습니다. 어느 날 천막 앞에 세 사람이 나타났는데, 아브라함은 그들에게 인사하고 식사에 초대했습니다. 그들을 기도의 방해꾼이나 순례의 훼방꾼으로 여기지 않았습니다.

아브라함의 자발적 환대는 그것이 그의 신앙의 핵심적인 부분이었음을 보여줍니다. 그는 모든 사람을 그런 식으로 대했던 것 같습니다. 아브라함은 그 사람들이 천사인 줄 몰랐습니다. C. S. 루이스에 따르면, "평범한 사람은 없습니다.……우리의 오감이 경험할 수 있는 가장 거룩한 대상은 성찬의 빵과 포도주이고, 그다음은 우리의 이웃입니다."[8]

보살핌은 평범한 일에서 시작합니다. 보살핌은 극적인 개입을 뜻하지 않습니다. 오히려 일상적인 배려에서 자라납니다. 음식을 나누고 인사를 주고받고 필요할 때 침묵하고 칭찬을 아끼지 않습니다. 우리 모두가 똑같은 일을 하지는 않습니다. 모두가 똑같은 은사를 받은 것은 아닙니다. 능숙한 보살핌은 마침 그 자리에 있는 사람과 함께하는 삶이라는 자연적 상황에서 만들어집니다. 눈에 잘 띄는 은사를 가지고 엄청난 필요 앞에 서는 비범한 상황이 아니어도 됩니다.

아브라함은 천막 앞에 있었습니다. 서둘러 식사를 준비했지요. 상대가 천사들인 줄 모르고도요.

우리는 무엇을 합니까?

⋐⋑

새로 알게 된 사람과 대화를 나눈 적이 있습니다. 그가 하는 일은 제가 잘 모르는 분야여서 저는 그에게 일에 대해 물었습니다. 그는 속사포 같은 문장들로 이십 분가량 대답했습니다.

나중에 그 만남을 돌이켜 보았는데, 그가 무슨 일을 하는지, 그 일의 본질이 무엇인지 여전히 모르겠더군요. 제가 알게 된 것은 그가 얼마나 많은 모임을 주최하고, 얼마나 많은 사람에게 강연하고, 여행하면서 얼마나 많은 마일리지를 쌓았는지 등이었습니다. 그러나 그의 언어는 대부분 상투적 표현들로 이루어졌기에, 구체적이거나 딱히 개인적인 내용은 잡아낼 수 없었습니다. 친구가 될 만한 사람과의 대화를 기대했는데, 내게 돌아온 것은 종교 세일즈맨의 프레젠테이션이었습니다. 저는 실망했습니다.

그런데 한 친구는 제게 전혀 다른 이야기를 들려주었습니다. 저는 바쁘게 일하는 그에게 동일한 질문을 했습니다. "무슨 일을 하시나요?" 그는 업무분석 또는 과제들이나 성취의 목록 대신에 다음과 같은 조용한 답변을 내놓았습니다. "세상을 변화시키고 있지요." 세상을 변화시키고 있다는 것은 사도 바울식의 답변입니다. 교회다운 답변이기도 합니다. 우리는 세상을 변화시키고 있습니다. 예배를 준비하면서 여러분의 마음에 이런 담대함이 있는지 모르겠습니다. 어쩌면 여러분은 약간의 영감이나 위로 정도를 기대하실지 모르겠습니다. 일상의 어수선함에서 한두 시간 벗어나

잘 산다는 것

모종의 아름다움과 신성한 명령으로 생기를 얻게 되길 바랄 수도 있겠습니다. 누군가는 오랜 습관에 따라 예배를 드릴 수도 있겠지요. 그러나 우리는 세상을 변화시키고 있습니다.

하나님의 말씀이 선포될 때마다, 창조세계는 다시 움직입니다. 우리가 성령을 부를 때마다 구원이 다시 작동합니다. 우리가 입을 열어 찬양하고 입술로 믿음을 고백하고 마음으로 믿을 때마다 세상은 변합니다.

세상의 뿌리

ↂ

선포된 말, 기록된 말에는 운동력이 있습니다. 이런저런 일을 하고, 이런저런 일이 벌어지게 합니다. 우리는 이 사실을 완전히 잊고 힘과 무력, 마력과 핵에너지, 테러리즘과 잔혹함에 겁먹기 쉽습니다. 그러나 때로는 신문도 이 진실을 보도합니다. 세상에서 일어나는 실제적인 활동은 말에 뿌리를 두고 있다는 것 말입니다.

바츨라프 하벨[9]은 여러 해 동안 체코슬로바키아 감옥에 갇혀 있었습니다. 공산주의 정부가 그의 글과 그 영향력을 두려워했기 때문이지요. 하벨은 정치에 관심이 별로 없었고 정치에 관한 글을 쓰지도 않았습니다. 독실한 그리스도인이었던 그는 희곡을 썼고 아내에게 편지를 썼습니다. 그런 그를 어째서 위험하게 여겼을까요? 이유는 단 하나, 그가 진실을 썼고, 잘 썼으며, 에너지로 가득한 말을 사용했기 때문이었습니다.

정부는 그를 투옥했지만 그의 글까지 감옥에 가둘 수는 없었습니다. 우리가 동유럽 공산주의의 붕괴를 지켜보며 깜짝 놀란 그날 이후 9개월이 지나서 그는 감옥에서 걸어 나왔고, 즉시 대통령으로 선출되었습니다. 그는 그 놀라운 반전 이후 행한 여러 연설에서 말에 대해, 말의 본질에 대해, 하나님의 말씀과 육신이 되신 말씀에 대해 거듭거듭 말했습니다.

그러나 모든 말에 운동력이 있는 것은 아닙니다. 하나님의 생명, 하나님의 영에서 끊어진 말은 초라합니다. 정확하지 않게,

열정 없이, 사랑 없이 쓰는 말에는 생명이 없습니다. 입을 열어서 추측을 늘어놓는 것으로는 충분하지 않습니다. 어느 정도 알아들을 수 있는 말을 입 밖에 내는 것으로는 충분하지 않습니다. 세상을 만들고 세상의 뿌리가 되고 진리를 낳고 마음에 사랑이 불붙게 하는 말은 하나님의 임재 안에서 태어납니다.

그래서 교회는 남자와 여자들을 말씀의 사역자로 임명합니다. 이 사역자들의 일편단심 과제는 말씀과의 연결이 살아 있게 하는 것입니다. 기도의 고요 속에 푹 잠기는 것입니다. 하나님의 말씀을 매일 아침 새롭게 듣고 그 말씀에 거듭거듭 신선하게 응답할 수 있게 말입니다.

노동에 대하여

❧

노동. 기독교 신앙은 물리적입니다. 보행로의 금 간 부분 메우기, 창문 닦기, 철쭉 다듬기, 부실해진 벽돌 사이에 모르타르 채우기, 부서진 파이프 수리하기, 쓰레기를 매립지로 가져가기 등이 그렇습니다. 전부 물질성 가운데 이루어집니다. 기독교 신앙에는 다친 몸 치료하기, 진리를 알아보도록 뇌 훈련하기, 정의와 사랑으로 행동하도록 몸 훈련하기도 포함됩니다.

기도. 기독교 신앙은 영적입니다. 전부 보이지 않는 믿음의 행위 가운데 이루어집니다. 보이지 않는 그리스도의 실제적 임재를 믿는 것, 주위 사람들이 사랑스럽지 않고 사랑하고 싶은 마음이 들지 않아도 사랑하는 것, 저널리스트들이 최신 추문을 보도하는 바로 그 순간에도 하나님 나라의 도래를 기대하는 것입니다.

물리적인 모든 것은 영적이기도 합니다. 영적인 모든 것은 물리적이기도 합니다. 이 두 현실은 분리될 수 없습니다. 토요일의 노동자와 일요일의 예배자는 같은 사람입니다. 이 두 날에 우리가 하는 모든 일은 하나님께 영광을 돌리는 일이 될 수도 있고, 그렇지 **못할 수도** 있습니다. 노동과 기도의 물성과 영성은 왜곡되어 교만한 죄가 될 수 있기 때문입니다.

필요한 말

c/ɔ

진짜로 공허한 말은 없습니다. 말, 진실된 말, **참된** 말은 우리를 성가시게 하고 삶에 영향을 끼칩니다. 말은 내면에서부터 우리를 만들어 갑니다. 말씀을 설교하거나 가르치고, 이야기하거나 노래하고, 기도하거나 묵상할 때, 그것으로 끝나지 않습니다. 하나님은 이 말씀을 계속 지켜보고 돌보고 보살피십니다. 마침내 이 말씀이 사랑, 순종, 소망, 믿음, 기쁨을 낳을 때까지 말입니다. 우리도 하나님과 더불어 지켜봅니다. 은혜의 징후들이 있는지, 기쁨의 움직임이 있는지, 다시 한번 말씀이 육신이 되셨다는 증거가 있는지 지켜봅니다. 야구장의 관객으로서가 아니라 양무리의 목자로서, 한 아이의 부모로서, 연인과 친구로서 말입니다. 말씀을 지켜보는 일은 뻔하지 않고 쉽지도 않습니다. 그러나 필요한 일입니다.

그 일이 뻔하지도 쉽지도 않지만 필요하기 때문에 교회는 말씀의 사역자들에게 안수하여 성례의 사역자로도 삼습니다. 교인들과 말씀의 연결점을 포착하고, 말씀이 선포된 사람들 곁에 바싹 머무르고, 그들과 함께 그들을 위해 끈질기게 관심을 두고 기도하고, 하나님의 말씀이 그분이 수행하시는 일로 나타나기까지 눈을 부릅뜨고 지켜보기 위해서입니다.

우리는 이 부분을 놓치기가 매우 쉽습니다. 말씀을 선포한 후에 자리를 떠나 뭔가 다른 일을 하고, 주의가 분산되고, 분주해지기 쉽습니다. 그러나 하나님은 말씀이 이루어지도록 지켜보겠다고 약속하셨습니다. 우리는 자리에 머물면서 어떤 일이 벌어지는지 봐야 하고, 목사들은 교인들이 자리에 머물면서 무슨 일이 벌어지는지, 하나님이 말씀을 어떻게 행하시는지 보도록 이끌어야 합니다. 교인들은 도대체 진득하게 있을 줄을 모릅니다. 하나님의 말씀을 듣고 10분만 지나면 흥미를 잃고 텔레비전을 켜거나 쇼핑을 하러 가거나 간식을 먹습니다. 자리에 남아서 말씀이 이루는 일을 보지 않습니다.

　진득하지 못하기는 목사들도 마찬가지입니다. 그들은 말씀을 설교하고 가르친 후에 하나님이 말씀을 이루겠다고 약속하신 사람들 곁을 떠납니다. 그래서 말씀이 그들의 삶에서 이루는 일을 보지 못합니다. 사람들의 삶에서 벌어지는 모든 일은 선포되는 말씀과 연관이 있거나 연관시킬 수 있습니다. 하나님은 말씀이 이루어지도록 지켜보십니다. 우리도 하나님과 더불어 지켜봅니다. 하나님이 우리 입에 두시는 말로 인해 생겨나는 일들을 하나도 놓치고 싶지 않기 때문입니다.

현실을 감당할 준비

ↁ

새벽 아직도 밝기 전에 예수께서 일어나 나가 한적한 곳으로 가사 거기서 기도하시더니 시몬과 및 그와 함께 있는 자들이 예수의 뒤를 따라가 만나서 이르되 "모든 사람이 주를 찾나이다."

— 마가복음 1:35-37

예수님과 함께할 때 우리 삶은 작아집니까, 커집니까? 예수님은 우리를 아늑한 가정이라는 작은 세계에 가두십니까, 아니면 벅찬 탐험이 있는 큰 세계로 이끄십니까? 수많은 사람들이 참으로 빈약하게 사는 모습을 보면 불안불안합니다. 이 빈약한 삶에 '기독교적'이라는 꼬리표가 붙을 때 불안한 마음은 커집니다.

이것이 그리스도를 추구한 결과입니까? 신중함이? 안전제일주의가? 예측 가능한 인정이? 예수님을 따라갈 때 어느 정도나 현실을 감당할 준비가 되어 있습니까? 많이 아니면 조금, 어느 쪽입니까? 최소한의 현실로 버티면서 다량의 공상으로 보충하고 그것에다 '기독교적'이라는 꼬리표를 붙이는 것도 가능할 것 같습니다. 그러나 복음의 이야기들을 주의 깊게 살필 때 [그런 것의 실체가 드러나기에] 불안한 마음은 줄어듭니다.

예수님은 언제나 우리를 그 이상의 현실로 이끄십니다. 우리는 진짜 세상으로 들어갈 수 있습니다.

거룩함으로 출발하다

✑

너희가 기쁨으로 구원의 우물들에서 물을 길으리로다.

— 이사야 12:3

사람들이 옛날만큼 교회에 가지 않는다고 목사들 및 여러 사람이 한탄하는 소리를 자주 듣습니다. 하나님을 예배하는 일은 더는 사람들의 삶에서 최우선순위가 아닙니다. 일요일 아침은 하고 싶은 것을 하는 시간, 느긋하게 있는 시간, 자기에게 양질의 시간을 선사할 기회입니다. 그리고 얼마나 선택지가 많은지요! 산책, 오락, 동물원과 박물관 방문, 해변의 일광욕, 낚시, 꽃향기 맡기 등등. 예배가 더 이상 일요일 오전의 최고 인기 활동이 아닌 상황이 이상할 이유가 있습니까?

그러나 탄식하는 목소리 중에 저의 목소리는 없을 것입니다. 저는 예배하는 사람이 있다는 사실이 놀랍습니다. 매주 일요일, 이 모든 사람이 교회에서 무엇을 하는 걸까요? 위에서 말한 매력적이고 괜찮은 선택지들을 두고 도대체 왜 여기에 있는 걸까요? 일요일 아침에 교회에 가는 일은 마을 사람들이 전부 그렇게 하던 시절에는 이치에 맞았습니다. 수 세기에 걸친 전통과 관습의 압박이 교회 출석을 명했고 목사는 지역사회 전체에서 강력한 도덕적 권위를 행사했습니다. (게다가 일요일 아침에 달리 할 일이 뭐가 있었겠습니까?) 그러나 이제는 사람들에게 다른 선택지가 있습니다.

잘 홍보되고 사회적으로 용인된 선택지들이고, 하나하나가 한 시간의 예배보다 더한 활기를 약속합니다. 이렇게 경쟁이 치열한 상황에서 왜 이 모든 사람이, 수많은 사람들이 매주 교회에 나와 하나님을 예배하는 걸까요? 저에게는 사람들이 예배하러 오지 않아서 괴로운 것보다 사람들이 예배하러 온다는 사실이 주는 놀라움이 훨씬 큽니다.

그들은 왜 그렇게 하는 것일까요? 우리는 왜 그렇게 합니까? 간단합니다.

우리는 **보러** 옵니다. 시야에서 추함과 쓰레기를 벗겨 내고 세상의 중심에서 하나님이 하시는 일을 보려고 말입니다.

우리는 **들으러** 옵니다. 공기를 오염시키는 분노와 탐욕의 소음을 귀에서 씻어 내고, 마음을 울리는 사랑과 죄 용서와 실패에 대한 자비와 우리의 필요를 채우는 은혜의 메시지를 들으려고 옵니다.

우리는 **만나러** 옵니다. 사회적 가장假裝과 방어적 역할놀이를 벗어던지고 환영과 용납의 인사를 나누며 교제하러 옵니다.

우리는 **말하러** 옵니다. 아첨하거나 설득하거나 조종하는 말이 아니라 마음 가장 깊은 곳에서 우리가 어떤 모습이고 무엇을 느끼는지에 대한 말, 우리 죄를 정직하게 고백하는 말, 경건하게 하나님을 찬양하는 말을 하러 옵니다. 예배하는 가운데 삶이 방향을 바꾸고 활짝 열리고 생기를 띱니다.

이런 일의 증거를 원한다면 이사야를 보십시오. 이사야는 누구보다 정신이 깨어 있고 현실과 닿아 있고 세련된 말솜씨를 가진 사람이었습니다. 그의 이 모든 특성은 예배 가운데 시작되었습니다. 그는 주위에서, 즉 도성 안과 정치판과 사람들 사이에서 무슨 일이 벌어지고 있는지 알았습니다. 자기 내면에서 일어나는 일과 당대의 사건들 안에서 벌어지는 일도 알았습니다. 하나님이 하시는 일도 알았습니다. 그는 그분의 거룩함을 보았고, 명령을 들었고, 깨끗하게 하심을 느꼈고, 신앙에 헌신하겠다고 말했습니다.

신문이 보도하고 교과서가 묘사하는 사실들은 진짜이긴 합니다만, 실재의 아주 작은 모서리입니다. 그보다 훨씬 더 많은 것이 있습니다. 예배는 우리를 보이지 않게 흘러드는 풍성한 거룩함, 곧 하나님의 행하심과 말씀으로 들어가게 합니다.

잘 산다는 것

길 찾기에 대한 세 가지 단상

෴

모든 삶은 순례입니다. 우리는 목적지로 가는 길에 있습니다.

그리스도인들은 하나님께로 가고 있고, 예수 그리스도께서 그 길에 동행하신다고 믿습니다.

길을 안내하는 주된 표지판 중 하나(어쩌면 유일한 표지판)는 예수님의 십자가입니다.

생각과 감사

❧

think(생각하다)와 thank(감사하다)의 가까운 관계에 주목하신 적이 있습니까? 모음 하나가 바뀌면서 의미상의 커다란 도약이 이루어집니다.

생각하기는 지성의 활동입니다. 감사하기는 전 인격의 표현입니다. 생각이 선행되지 않는 감사는 얄팍하고 부적절합니다. 감사로 변화하지 않는 생각은 무미건조하고 무익합니다.

예배와 기억의 과정을 완성하는 것은 바로 감사의 행위입니다. 우리는 그리스도의 계획에 따라 우리 사이에서 벌어진 모든 일을 회상합니다. 그리고 주님을 찬양합니다. 그분이 다른 모든 일처럼 우리 삶도 합력하여 선을 이루게 하시기 때문입니다. 우리 사회에서 그리스도인들이 예배하는 이 자리만큼 많은 것을 기억하고 찬양하는 자리가 있습니까? 여기만큼 기억이 집중적으로 이루어지고 감사가 넘치는 곳이 있습니까? 저는 없다고 생각합니다.

잘 산다는 것

변화

෴

우리는 대부분 변화를 좋아하지 않습니다. 변화에는 수고가 따르고, 통상적 일처리 방식을 조정하고 바꾸어야 하니까요. 하지만 가끔은 변화를 바라는 마음이 들기도 합니다. 인생이 기대하던 것과 다를 때, 우리는 뭔가 새로운 것을 찾습니다.

변화를 바라든 아니든, 변화의 과도기에는 대부분 어려움이 있고, 수고를 감수해야 합니다. 우리가 그 수고에 어떻게 반응하고 변화에 관여하시는 하나님을 어떻게 보는가에 따라 모든 것이 달라집니다. 하나님이 만들어 가십니다. 그분의 손이 빚으십니다. 우리 삶의 여러 변화를 보면 그분의 방식이 드러납니다.

변화는 언제나 편치 않을 것입니다. 그러나 우리는 변화를 바람직한 것으로 보는 일을 시작할 수 있습니다. 우리를 가장 잘 아시는 분이 우리 삶의 변화를 배후에서 주의 깊게 조율하고 계시니까요.

지혜롭고 부하게

◦◦

지혜나 부는 우리를 구원할 수 없습니다. 박사학위, 넉넉한 급여도
우리를 자유로운 존재로 하나님께 이끌지 못합니다. 교육도 번영
도 좋은 삶을 보장할 수 없습니다. 우리의 사고력과 수익력을 모
두 합해도 유토피아를 불러오기에 충분하지 않습니다.

저는 지성과 부의 유용성 또는 장점을 폄하하는 것이 결코
아닙니다. 교육은 우리 문명의 주요한 해방적 요소임이 분명하고,
번영 또한 중요한 혜택입니다. 솔로몬의 삶에서 지혜와 부는 경멸
이 아니라 감탄의 대상이었습니다. 그러나 지혜와 부는 그를 죄에
서 풀어 주지 못했고 하나님의 통치를 백성들 앞에 펼치게 하지도
못했습니다. 솔로몬의 지혜와 부에는 핵심적인 부분이 빠져 있었
는데, 그 결함 때문에 모든 것이 제대로 작동하지 않았습니다. 결
국 그의 지혜는 어리석음으로 변했고 부는 퇴폐해졌습니다. 솔로
몬은 온갖 재능이 있었음에도 소요리문답이 말하는 바, "하나님을
영화롭게 하고……영원토록 그를 즐거워하는"[10] 의무를 이행하
지 못했습니다.

솔로몬의 인생에 주목하는 데는 분명한 이유가 있습니다.
오늘 우리는 솔로몬과 비슷한 가능성 앞에 있기 때문입니다. 우리
가 사는 사회에서는 각 사람이 부유하면서도 지혜로울 가능성이
상당히 있습니다. 우리는 아는 것이 많고 가진 것도 많습니다. 하
지만 우리의 지혜와 부를 하나님의 뜻에 맞게 쓰고 있지 않다는

징후가 많이 보입니다.

　우리나라에는 가난한 지역이 많습니다. 세상에는 수많은 사람들이 굶주리고 있습니다. 우리 사회가 전체적으로 부유하고 풍요롭게 된 시대에 극단적 가난에 희망 없이 갇혀 있는 사람들이 존재한다는 것은 하나님의 뜻이 아님이 분명합니다. 이것은 정치·경제 문제 이상으로 사랑(또는 개탄스러운 사랑의 결핍)의 문제입니다.

　더 좋은 교육을 받고 더 좋은 직업을 얻고 더 많은 지혜와 부를 획득하는 것보다 더 중요한 삶의 이유를 찾아야 합니다. 하나님께 영광을 돌릴 더 확실한 수단, 솔로몬이 가졌던 것보다 더 깊은 지혜와 더 많은 부를 추구해야 합니다. 솔로몬의 역설에 당하지 않게 우리 자신을 보호하기 위한 조치를 취해야 합니다. 외적으로 드러난 지혜와 부가 내면의 어리석음과 사회적 빈곤을 은폐하는 상황이 바로 솔로몬의 역설입니다.

　그러므로 우리는 바깥이 아니라 내부에서 출발해야 하고, 상부구조가 아니라 토대에서 출발해야 합니다. 우리가 하나님의 피조물이라는 사실에서 출발하고, 우리 존재의 가장 깊은 수준에서 그분의 지혜와 부를 추구해야 합니다. 예수 그리스도를 통해서 말입니다.

　사도 요한은 우리 주님이 하나님의 '말씀'이라고 했습니다. 하나님의 지성 또는 합리성이라는 의미지요. 그분은 하나님의 '영광'이라고도 불립니다. 히브리어의 영광에 해당하는 단어 *kabod*는 부와 거의 비슷한 뜻으로, 확실한 부를 말합니다. 우리는 그리스도를 마음에 영접해야 한다고, 하나님의 친절과 친근함을 우리 삶에 받아들여야 한다고 말합니다. 우리가 자발적으로 그렇게 할 때, 하나님의 말씀과 그분의 영광, 그분의 진리와 은혜, 그분의 지혜와 부가 삶의 원리로 우리 안에 이식됩니다. 그러면 우리 삶은 신성의 합리성과 영원에 속한 확실한 부를 반영하기 시작합니다.

이 세상은 이것을 지혜나 부로 여기지 않을 수도 있습니다. (우리 주님은 가난한 채로 죽으셨고 빌라도에게 바보 취급을 당하셨습니다.) 그러나 하나님은 우리를 지혜롭다고 여기실 것이고, 우리는 새 하늘과 새 땅의 부를 상속할 것입니다.

잘 산다는 것

우리도 피해 갈 수 없습니다

ↄ⌾ↄ

공동체로 그리스도인의 삶을 살아갈 때 좋은 일만 있으리라고 생각하는 분이 없기를 바랍니다. 우리는 선포된 하나님의 말씀에 이끌려 하나님의 사랑에, 우리 삶에서 이루어지는 그분의 구원하시는 뜻에 반응하게 됩니다. 이보다 더 놀랍고 삶의 깊이를 더하고 영혼을 변화시키는 일은 없습니다.

그러나 이와 함께 다른 일들도 일어납니다. 우리 안에 있는 어둠의 세력들이 저항하고, 주위 사람들이 우리 모습을 달가워하지 않습니다. 이런 일들이 벌어질 때 낙심하지 마십시오. 포기하지 마십시오. 뭔가를 완전히 잘못하고 있다거나 내가 더 괜찮은 사람이었다면 상황이 나았을 거라는 결론을 내리지 마십시오.

지금 여러분의 기독교 공동체에는 헌신과 열정, 자원함과 유쾌함이 있을 것입니다. 환대와 섬김이 있을 것입니다. 누구도 강단의 목사에게 돌을 던지지 않습니다. 주차장에서 차를 몰고 빠져나갈 때 바깥에 모여 저주를 퍼붓는 군중을 볼 수 없습니다. 건물에 스프레이로 그려진 흉한 낙서도 없습니다. 그러나 언제나 그렇지는 않을 것입니다. 어려운 시기는 우리도 피해 갈 수 없습니다. 성경은 신자들이 희생적이고 정직하게 그리스도의 삶을 따를 때 일어나는 반대를 쪽마다 기록하고 있습니다.

우리는 복음을 기뻐해야 하지만 악에 대해 무지해서는 안 됩니다. 이 원칙을 잘 지키면 어려운 시절에도 좋은 시절처럼 유

쾌하고 신실하게 될 것입니다. 바울과 바나바처럼 어렵고 낙심되
는 어떤 상황에도 굴하지 않고 유쾌하고 신실하게 하나님의 영광
을 위해 살게 될 것입니다.

우리에게 있는 담대함

⸂⸃

시편은 인간의 마음을 비추는 가장 정확한 거울입니다. 의미심장하게도, 시편은 인류가 불행과 악행에 깊이 관여하고 있음과 하나님이 영광스러운 창조와 은혜로운 구원에 우주적으로 관여하고 계심을 말합니다.

이것은 우리 그리스도인이 담대하게 전해야 할 내용입니다. 우리는 자신이 어떤 존재인지 담대하게 인정해야 합니다. 하나님의 뜻에 한참 못 미치는 자들이고 더 나아가 자주 그분의 뜻을 방해하거나 무너뜨리려는 계획에 적극적으로 공모하는 자들임을 말입니다. 우리가 이 사실을 인정하지 않을 때면 교회 바깥의 사람들은 우리를 독선적이고 오만하고 으스대고 참을 수 없는 존재로 여기게 됩니다.

예배 초반에 많은 그리스도인들이 참회의 기도를 드립니다. 자책하거나 자신을 초라하고 무가치한 자로 깎아내리기 위해서가 아니라, 인간 상황 전체를 균형감 있게 바라보고 자신이 선 자리를 분명히 알기 위해서입니다. 이런 참회는 중요합니다. 그러나 우리는 참회할 뿐 아니라 하나님의 능하신 행하심을 똑같이 담대하게 선포하기도 해야 합니다. "하나님께서 그를……살리셨다"행 2:24는 사실 같은 것들 말입니다. 우리가 존재하는 목적은 의심과 회의, 모순된 증거, 절망, 슬픔, 죽음이 가득한 세상을 향해 하나님이 창조주이시고 구속자이시라고, 하나님이 그분의 피조물들을 사랑하시며 그들을 구원하셔서 온전한 건강과 그분과의 교제를 회복하게 하실 것이라고 말하기 위해서입니다. 이것이 이 시대의 우리가 그 무엇보다 담대하게 선포해야 할 내용입니다.

예수님과 함께 있기

❧

예수님과 함께하면 베드로와 요한처럼 우리 자신에 대한 가장 심오한 진리와 하나님에 대한 가장 고상한 진리를 배우게 됩니다. 신학자나 세상 돌아가는 일의 전문가, 교회생활에 관록이 붙은 교인이나 공동체의 지도자, 특출하게 뛰어난 지성인이 아니어도 됩니다. 예수님과 함께 있기만 하면 됩니다. 기도와 본받음으로 그분 곁에 있으면 됩니다. 그렇게 할 때, 사람들은 예수 그리스도 안에서 드러난 인간과 하나님의 진리를 말과 행동으로 담대하게 살아내는 우리를 보고 놀라게 될 것입니다.

청지기 정신

෴

우리 주님은 소유물에 관해 많은 말씀을 하셨습니다. 그분 비유의
거의 절반이 돈에 대한 옳고 그른 태도를 다룹니다. 돈 문제를 회
피하는 것과는 거리가 멀지요. 그분은 대부분의 다른 주제보다 돈
에 관해 더 많이 말씀하셨습니다. 그분의 가르침에는 소유물을 하
찮게 여겨도 된다는 말씀이 한마디도 없습니다. 그분은 돈을 버는
일, 돈을 모으고 쌓는 일에 따라오는 위험을 경고하셨습니다. 돈을
주는 일에 대해서도 말씀하셨습니다. 돈 버는 것이 목적이 아니라
목적을 위한 수단으로서 돈의 중요성을 늘 강조하셨습니다. 그분
은 돈이 인류의 힘센 하인이 될 수 있지만, 인간의 주인이 될 위험
도 언제나 있다는 것을 인식하셨습니다. 많은 사람이 돈을 벌려고
나섰다가 돈에 사로잡힌 자신을 발견했습니다.

　교회는 돈에 대한 생각을 '청지기 정신'stewardship이라는 말
로 요약했습니다. 청지기는 다른 사람의 재산과 소유물을 관리하
고 책임지는 사람입니다. 본인은 아무것도 소유하지 않습니다. 다
른 사람을 위해 일하고, 주인의 이익을 위해 결정을 내리고, 계획
과 프로그램을 수행합니다. 예수님은 우리를 청지기라고 하셨습
니다. 하나님이 주인이십니다. "땅과 그 안에 가득 찬 것이 모두
다 주님의 것"시 24:1, 새번역입니다. 다시 말해, 존재하는 모든 것이 하
나님의 것이지요. 자연계, 인간계, 사물세계, 영계까지 모두 말입
니다. 땅이 주님의 것입니다. 존재하는 그 어떤 것도 하나님의 소

유권 주장에서 배제되지 않습니다. 그리고 우리는 이 땅의 청지기로 여기 있습니다. 이 땅의 어느 부분이든 자기 소유로 주장하는 것은 잘못되고 오만한 처사입니다. 땅은 우리에게 맡겨진 것입니다. 우리는 그것을 누리고 사용하고 늘리고 나누도록 부여받았습니다. 그러나 하나님이 여전히 주인이십니다. 우리는 **그분**의 자원을 관리할 뿐이고 **그분**이 주신 생명과 재산을 보살필 뿐입니다.

거룩한 돈

ↅ

돈은 거룩합니다. 하지만 모두가 이 사실을 믿는 것은 아닙니다. 모든 사람은 돈이 중요하다고, **상당히** 중요하다고 생각합니다. 그렇다고 돈이 거룩하다는 기독교적, 성경적 확신을 다 받아들이는 것은 아닙니다.

십일조는 모든 돈이 거룩하다는 확신을 행동으로 옮기는 오래된 성경적 관행입니다. 십일조는 우리 노동의 첫 열매를 하나님께 바치는 것입니다. 하나님은 흙과 돌, 보리와 포도, 은과 금과 주석—돈을새김을 한 플라스틱 신용카드도 포함하여—으로 이루어진 이 세상을 만드신 분입니다.

십일조는 노동을 통해 얻은 것의 첫 10퍼센트를 먼저 하나님께 바치는 전통적 결단입니다. 십일조의 근저에는 하나님이 먼저 우리에게 사용할 땅, 힘을 쓸 근육, 생각할 두뇌, 함께 살아가고 일자리를 찾을 공동체를 허락하지 않으셨다면 우리의 온갖 땀과 수고에도 불구하고 아무것도 얻지 못했을 것이라는 확신이 놓여 있습니다. 우리는 하나님이 주신 재료를 가지고 일합니다. 우리의 노동과 그 결과물 사이의 참된 관계가 유지되려면 우리 주님의 이름으로 결과물을 먼저 바쳐야 합니다.

우리가 먼저 바치지—그것도 많이 바치지(10퍼센트는 전통적 비율로, 우리 대부분에게 상당히 높은 비율입니다)—않으면, 축적의 정신에 지배를 받을 수밖에 없습니다. 가지고 또 가지고 더 가지려고 하게 되지요. 가진 것을 계속 지배하는 데 집착하게 됩니다. 책략을 꾸미고 탐냅니다. 그런 과정에서 우리는 돈을 더럽힙니다. 우리 돈의 거룩함을 훼손합니다.

그리스도께 기꺼이 바치는 돈은 모종의 깊고 내면적인 방식으로 변화되어 우리에게 되돌아옵니다. 그것은 우리와 주변의 세상을 변화시킬 수 있습니다. 관대함은 우리가 가진 것을 선물로 바꾸는 가장 신뢰할 만하고 유용한 수단입니다. 십일조의 실천은 누룩과도 같습니다. 그로 인해 관대함과 향유의 정신이 우리의 모든 돈에 퍼집니다. 십일조는 우리의 모든 소유를 흠모와 축제의 삶으로 끌어들입니다.

그러나 십일조의 실천이 위험하다는 경고도 해야겠습니다. 예수님의 가장 성난 말씀은 꼼꼼한 십일조 납부자들을 겨냥한 것이었습니다. 십일조 납부는 교묘하게 교만을 불어넣을 수 있습니다. 속물적인 엘리트주의를 만들어 낼 수 있습니다. 다른 사람들을 비판하는 검열정신에 기름을 부을 수 있습니다. 이제 하나님은 내게 특별히 주목하실 의무가 있다고 생각하는 자기 의가 자라날 수 있습니다.

하나님을 독차지함에 관하여

∽

우리는 하나님을 독차지할 수 없습니다. 하나님은 사유물이 아닙니다.

하나님의 본성은 자신을 내어주는 것입니다. 그분과 참으로 연결된 사람은 그 나눔에 참여하게 됩니다. 내어줌에 합류합니다. 그리스도인은 벙커에 숨지 않고 모든 현실을 탐험합니다. 그리스도인들이 관대하게 내어주어야 할 것을 독차지하는 일은 주님의 정신과 계명을 거부하는 것과 같습니다. 그래서는 안 됩니다. 우리는 그리스도의 빛이 퍼져 가는 것을, 구원하는 사랑의 광채가 그림자 나라를 침공하는 것을 기뻐해야 합니다.

저널리스트이자 사회운동가였던 도로시 데이는 이 사랑을 찾아볼 수 없는 현실에 대해 이렇게 쓴 바 있습니다. "나는 누군가가 겉옷을 벗어서 가난한 사람에게 주는 모습을 보지 못했다. 잔치를 열어서 다리 저는 사람과 시각장애인을 초대하는 사람을 보지 못했다.⋯⋯당시에는 몰랐지만, 나는 [신앙과 삶의] 종합이 이루어지기를 원했다. 나는 삶을 원했고 풍성한 삶을 원했다. 그리고 그 삶을 다른 이들도 누리길 원했다."[11]

나중에 데이는 그것을 발견했습니다. 그녀는 그리스도인이 되었습니다. 더 나아가 가난한 자들과 압제받는 자들을 상대로 미국 역사에서 손에 꼽을 만큼 효과적으로 사역한 사도가 되었습니다. 그녀에게 그 일은 믿음의 행위였고, 그 일을 기도와 사랑으로 감당했습니다. 그녀는 하나님의 선물을 경험했고, 그에 대한 반응으로 내어주었습니다. 우리도 그렇게 하게 될까요?

혀는 불입니다

❧

> 혀도 몸의 작은 지체이지만, 엄청난 일을 할 수 있다고 자랑을 합니다. 보십시오, 아주 작은 불이 굉장히 큰 숲을 태웁니다. 그런데 혀는 불이 요, 혀는 불의의 세계입니다.
>
> — 야고보서 3:5-6, 새번역

우리가 모국어로 조리 있게 말하는 법을 배우고 나면 곧 알게 됩니다. 놀랄 만큼 많은 어른들이 그 언어로 헛소리를 계속 해댄다는 것을 말이지요. 의미를 완전히 무시하고 단어를 씁니다. 현실과 전혀 동떨어진 문장을 구사합니다. 따져 보면 대체로 허튼소리에 불과한 연설과 설교를 하고, 책을 쓰고 텔레비전 토크쇼를 진행합니다.

어떤 주제도 예외가 아닌데, 제가 볼 때는 종교에 이런 허튼소리가 유난히 많은 것 같습니다. 하나님, 죄, 구원에 관한 담론에는 거짓말과 신성모독, 무지와 뒷담화, 악의와 위선이 당황스러울 만큼 꾸준히 등장합니다. 진리 여부나 그런 말이 초래할 결과는 전혀 고려하지 않는 듯합니다. 이런 연사들과 저자들은 큰 재력의 지원을 받는지 자신만만하게 행동합니다. 그리고 그들의 말이 매우 진실하게 들리기 때문에, 성경 교육을 받지 못한 대중은 그들이 제대로 알고 말하겠거니 생각합니다.

진리가 위험에 처해 있습니다. 하나님에 관해 잘못된 생각을 갖게 되면 현실에서 갈피를 못 잡게 됩니다. 신앙에 대한 왜곡된 설명을 믿으면 하나님이 주기 원하시는 가장 좋은 것에서 우리 삶이 멀어지고 삶에 대한 인식도 흐려집니다. 저는 이런 상황을 바로잡고 싶습니다.

이 측면에서 1세기는 이번 세기보다 낫다고 할 수 없습니다. 지금의 저와 마찬가지로, 이런 상황에 대해 뭔가를 해야 하는 것이 야고보의 목회적 과제였습니다. 하나님에 관해 말할 때는 특히 우리가 말하는 방식과 말하는 내용에 주의해야 합니다. 그렇지 않으면 큰 피해가 발생합니다.

야고보는 사정을 봐주지 않고 "혀는 불"약 3:6 이라고 말합니다. 말을 잘 쓰는 일이 얼마나 중요하고 말을 잘못 쓰는 일이 얼마나 위험한지 그는 알았습니다. 진리를 배우기 위해서는 얻을 수 있는 모든 도움이 필요합니다. 그래야 진리에 불성실한 이들에게 속지 않을 테니 말입니다.

직접 해보십시오

ↄↄ

여러 해 전 볼티모어에 있을 때, 피트 시거*의 콘서트에 갔습니다. 그는 5현 밴조를 연주했고 포크송을 불렀습니다. 밴조를 그런 식으로 연주하는 것을 처음 들은 저는 그 악기를 꼭 배우리라 결심했습니다.

다음 날 이스트 볼티모어스트리트 전당포로 가서 7달러에 밴조를 구했습니다. 그다음 피바디 근처의 악기점에서 중고 연주 안내책자를 찾아냈습니다. 저는 줄을 뜯고 치면서 밴조 연주법을 배워 나갔습니다. (주변의 몇몇 사람들은 제 열정의 불행한 결과를 들어야 했지요.)

당시에 제가 볼티모어에 있었던 것은 존스 홉킨스 대학교에서 공부하여 성경교사가 되기 위해서였습니다. 그때 저는 이렇게 생각했습니다. '내가 성경을 손에 들고 강단이나 설교단에 설 때, 피트 시거의 연주를 듣고 난 후 내게 벌어진 것과 같은 일이 청중에게 벌어졌으면 좋겠다. 그들이 직접 성경을 읽고 그 내용을 누리겠다고 굳게 결심하게 되었으면 좋겠다.' 그 경험의 특징적인 면은 다시 콘서트장에 가서 피트 시거의 노래를 또 듣고 싶은 것이 아니라 직접 연주를 해보고 싶었다는 것입니다.

---

* Pete Seeger, 1919-2014. 미국의 포크송 가수이자 작사·작곡가. 사회운동가. 우리 민요 「아리랑」을 부르기도 했다.

목사는 성경을 가르치고 설교할 때 바로 이런 일이 일어나기를 원해야 합니다. 사람들이 그에게 의존하는 것이 아니라 직접 성경을 들고 능숙하게 읽게 되기를 갈망해야 합니다.

온전한 독자

⌘

바울은 디모데에게 이렇게 편지를 썼습니다. "모든 성경은 하나님의 감동으로 된 것으로 교훈과 책망과 바르게 함과 의로 교육하기에 유익하니 이는 하나님의 사람으로 온전하게 하며 모든 선한 일을 행할 능력을 갖추게 하려 함이라"딤후 3:16-17. '온전한'*artios*이라는 단어는 '솜씨 좋게 만들어진'이라는 뜻입니다. 되는대로 한데 모아 놓은 것이 아니라 공들여 제작되었다는 것입니다.

목공소에는 많은 못을 써서 부족한 목공 기술을 보충하는 사람들이 있습니다. 그리고 삶의 기술이 부족한 상황에서 삶을 꾸려 가고자 많은 이질적 요소들을 이용하는 사람들이 있습니다. 마약, 취미, 돈, 오락, 유행 같은 것들 말이지요. 그러나 하나님은 능숙한 성경읽기라는 수단을 제공하여 우리를 올바른 방식으로 결합하여 만드시고 **온전**해지게 하십니다. 하나님은 성경을 사용하여 존엄하고 영원을 사모하는 존재로 우리를 빚으시고 교정하시고 훈련하십니다. 그래서 광고마다 군침을 흘리는 조건화된 소비자나 탐욕과 음욕, 폭력의 충동에 노예가 된 동물적 감각의 묶음이 되지 않게 하십니다.

세상에는 잘못된 성경읽기 방법들이 있고, 성경을 잘못 읽는 경우가 많습니다. 학술적 성경읽기는 그저 흥미로울 뿐입니다. 미신적 성경읽기는 어리석은 일입니다. 성경은 **경건**하게 읽어야 합니다. 하나님의 말씀이 우리를 내면에서부터 빚어내어 어설프고 기형적인 삶을 변화시키고, 마침내 우리가 '온전하고 모든 선한 일을 행할 능력을 갖추도록' 말입니다.

성경을 경건하게 읽을 때 우리는 하나님과의 대화에 더욱 깊고 넓게 참여하게 됩니다. 그분이 일하시는 방식에 좀 더 편안해지고 그분의 마음이 움직이는 방식에 더 익숙해집니다. 성경을 경건하게 읽을 때 우리는 하나님이 우리 각자에게 하시는 말씀에 귀를 기울이게 됩니다. 그분의 말씀은 우리 존재의 중심에 다가오고, 우리 삶을 온전한 모습으로 완성하기 위한 반응을 불러일으킵니다.

어려움이 주는 깨달음

☙

"있잖아. 방금 깨달았어. 나는 어려움이 있는 상태가 좋아. 어려움에 처할 때 더욱 나다워지는 것 같아. 일도 더 잘해." 이 말은 제게 너무나 뜻밖이어서 20년이 지난 지금도 기억하고 있습니다. 그 친구가 이 말을 했던 장소도 정확히 기억납니다. 친구와 저는 뉴욕시 57번가 지하철역을 빠져나오던 길이었습니다. 어느 여름밤이었지요. 그가 만났던 어려움이 무엇이었는지는 잊어버렸고, 어려움이 자신에게 미치는 영향에 대한 그의 말은 기억에 남아 있습니다.

그때 이후로 저는 눈과 귀를 열어 놓고 지냈습니다. 그 작은 깨달음의 순간에 제 친구가 보여준 것처럼 더할 나위 없이 솔직해지는 사람은 드뭅니다만, 그의 생각에 동의하는 사람이 많을 거라고 저는 확신합니다. 위기상황은 최선을 다해 살아가게 하는 자극제가 됩니다. 어려움은 우리가 에너지를 모을 수밖에 없도록 만듭니다. 어떻게 살아가야 할지 모른 채 지루한 상태로 멀뚱멀뚱 서 있던 우리에게 뭔가 사건이 일어나면(전쟁, 사고, 죽음, 거절, 위험) 모호함이 전부 사라지고 지루함도 씻은 듯이 없어집니다. 갑자기 정신이 번쩍 들고 흥분상태가 됩니다. 살아 있는 느낌이 듭니다.

우리는 하나님을 질병, 상실, 실망, 실패, 죄책감 등의 어려움이 닥칠 때 도움을 주시는 분으로 흔히 이해합니다. 하나님이 그런 분인 것은 분명한 사실입니다. 그리스도께서는 치유하시고 도우시고 건져 내시는 행위로 사역을 시작하셨습니다. 그러나 치유

받고 나면 우리는 무엇을 합니까? 용서받고 나면 무엇을 합니까?

여러분의 담임목사인 제 경우를 들어서 말해 보겠습니다. 저는 아픈 사람이 생길 때 무엇을 해야 하는지 압니다. 교인 가정에서 누군가가 사망하면 무엇을 해야 하는지 압니다. 어떤 이가 죄책감을 품고 찾아오면 무엇을 해야 하는지 압니다. 그러나 여러분 대부분은 보통 잘 아프거나 슬퍼하거나 실패하지 않습니다. 교인들 대부분은 보통 썩 잘 지냅니다. 감사한 일이지요. 정시에 출근하고, 주택담보대출 상환금을 내고, 이웃들과 대화를 나누며 관계를 이어 가고, 하루 세끼 괜찮은 식사를 합니다. 그럴 때 저는 여러분을 위해 무엇을 할까요? 다음 위기상황을 대비해 주위에서 기다릴까요? 여러분이 어려움에 빠지지 않도록 제가 주일 설교시간에 도덕적 원리를 정말 잘 가르친다면, 주중에 저는 그렇게 열심히 일할 필요가 없을지도 모릅니다! 아니면 그런 때에도 뭔가 할 일이 있을까요?

이와 같은 점잖고 편안한 삶을 못 견뎌 하는 사람이 많습니다. 그래서 그들은 순전히 일이 계속 이어지게 만들려고 문제를 일으킵니다. 싸움을 하거나 병에 걸리거나 사고를 촉발합니다. 그러면 더는 지루하지 않습니다. 살아갈 이유가 생기는 겁니다. 물론 거기에는 고통이 따르지만, 그들은 무의미한 일상보다 고통이 낫다고 생각합니다. 제2차 세계대전이 진행 중이던 때의 대영제국에 대한 연구서에서 놀라운 사실이 발견되었다는 얘기를 들었습니다. 나치의 런던 폭격 기간에 거의 모든 시민의 심리적 신경증이 사라졌다는 것입니다. 그들은 감정적 동요를 겪을 여유가 없었습니다. 목숨이 경각에 달린 위기상황이었고 그에 대해 뭔가 대처

를 해야 했으니까요.[12]

저는 사지가 마비되어 침대에서 떠날 수 없었던 한 여성의 흥미로운 이야기도 들었습니다. 그 이야기는 실화로 보였습니다. 그 여성은 부유했고 여러 내과의사와 정신과의사를 불러 진료를 받았습니다. 그러나 어떤 것도 도움이 되지 않았습니다. 전담 내과의사와 정신과의사에게 그녀의 상태는 큰 수수께끼였습니다. 어느 날 두 사람은 자포자기의 심정으로 그녀의 치료를 위해 공모를 했습니다. 그들은 한 친구를 시켜 안전한 곳에 불을 내게 하고 집 전체에 연기가 자욱해졌을 때 "불이야! 불이야!" 소리치게 했습니다. 당시 그 여성과 함께 방에 있었던 두 사람은 무력한 상태로 침대 위에 있던 그녀를 내버려 두고 '걸음아, 나 살려라' 하는 느낌으로 달려 나간 뒤, 밖에서 기다렸습니다. 몇 분 후 그녀는 뒤따라 달려 나왔습니다.

끔찍한 치료법이 분명합니다! 그런데 이와 똑같이 하는 설교자들이 있습니다. 그들은 사람들의 내면에서 건강한 회개의 반응을 이끌어 내기 위해 지옥불을 경고하며 소리칩니다. 물론 그것은 때때로 효과가 있습니다. 문제는 제가 매주 이 강단에 돌아와야 한다는 것입니다. 우리가 늘 위기 속에서 살아간다는 것, 죽을 때를 알지 못한다는 것, 심판이 전혀 뜻밖의 시간에 찾아올 수 있다는 것은 모두 사실이지만, 인생에는 위기 대처 말고도 많은 일이 있습니다.

그리고 문제는 이것입니다. 절박하지 않을 때 우리는 어떻게 최상의 모습으로 살아갈 수 있을까요?

구원에 들어감

e>

예수님은 무엇을 도모하실까요? 그분의 의도는 무엇일까요? 무엇을 계획하고 계실까요? 한마디로, 구원입니다.

여러분은 이 단어 '구원'이 의미하는 바를 안다고 생각하십니까? 이 단어는 아주 흔히 쓰입니다. 특히 종교적 언어에서는 흔하다 못해 진부한 말이 되었습니다. 그러나 이 단어는 우리의 이해를 뛰어넘는 행위를 가리킵니다. 그리고 우리의 참여를 권하기까지 합니다. 우리는 활기찬 호기심으로 이 단어에 거듭거듭 새롭게 관심을 기울이고 우주의 핵심을 이루는 행위를 새롭게 발견해야 합니다. 예수님은 기꺼이 구원하고자 하십니다.

예수님은 많은 참된 말씀을 하셨고 많은 옳은 일을 행하셨습니다. 그러나 그분의 모든 언행에 질서와 목표를 부여하는 감춰진(그리 감춰진 것도 아닌) 의도는 구원입니다. 예수님의 이름을 부르고 정기적으로 모여 그분을 예배하는 우리에게 이것이 의미하는 바는, 그분이 베푸시는 구원에 들어갈 준비가 되어 있어야 한다는 것입니다.

우리는 예수님의 어떤 말씀을 받아 그에 대해 잠시 생각하고, 다른 곳에서 그분의 어떤 행동에 감탄하는 수준에 머물면 안 됩니다. 우리와 깊이 연관된 예수님은 세상을 결정하시고 삶을 변화시키시는 분입니다. 우리 삶의 아무리 작은 부분이라도 그분의 역동적이고 영원한 사역과 무관하지 않습니다.

인격적 만남

෴

이 강단에서 제가 목회자로서 추구하는 일차적이고 지속적인 목
적은 여러분이 그리스도를 인격적으로 고백하는 것입니다. 목사
인 저는 도덕경찰이 되고 싶었던 적이 없습니다. 여러분의 도덕
상태는 제게 그렇게 흥미롭지 않습니다. 여러분이 선할 때 상 주
고 못되게 굴 때 벌주는 일에는 흥미가 없습니다. 목사인 저는 종
교적 오락을 제공할 목적으로 이곳에 대규모 군중을 모으고 싶지
도 않습니다. 이 장소에 사람이 많든 적든 제게는 별 차이가 없습
니다. 종교적 군중은 가장 모으기 쉬운 무리입니다. 그러나 한 지
붕 아래 모이는 사람의 수를 불리는 것은 그들이 본질적인 것에
참여하게 만드는 데 그리 성공적인 방법이 아니었습니다. 제가 중
요하게 생각하는 목회활동은 더없이 인격적인 하나님(그리스도 예
수)을 더없이 인격적인 차원에서 사람들에게 소개하는 것입니다.

　　저는 그 일이 이곳에서 매주 벌어지길 바랍니다. 저는 이 책
(성경)에서 읽은 이 위대한 이야기를 여러분에게 들려 드리는 것
으로 만족하지 않습니다. 저는 여러분이 이 책의 저자를 만나기를
원합니다. 그분은 제게 말씀하셨습니다. 여러분을 만나기 원한다
고, 그분이 써나가시는 새로운 이야기에 여러분을 참여시키고 싶
다고 말입니다.

　　제가 하나님에 관한 잡담으로 여러분을 즐겁게 하는 일에
별 흥미를 못 느끼는 이유를 아십니까? 여러분이 어떤 삶을 살아

야 하는지 설교하는 데 별 흥미를 못 느끼는 이유를 아십니까? 여러분을 인격적 하나님께 인격적으로 소개하는 일이 그 어떤 것보다 더 흥미롭고 더 중요하기 때문입니다. 여러분이 하나님에 **관해** 말하는 데서 그치지 않고 하나님께 말씀드리도록 말입니다. 저는 여러분이 그리스도를 향한 믿음을 개인적으로 고백하고 하나님이 써나가시는 새로운 창작품에 참여하기를 갈망합니다. 그 작품은 여러분의 구원에 관한 이야기입니다.

제 손이 묶인다면,
목사 노릇은 누가 하겠습니까?

ल०

목사가 하는 일은 분명하지가 않습니다. 적어도 제게는 그렇습니다. 그래서 저는 계속 이렇게 자문합니다. '나는 여기서 무엇을 하고 있는가? 무엇을 하고 싶은가?'

제가 하고 싶은 일은 **하나님의 이름**을 정확하게 부르는 것입니다. 그래서 여러분이 자기 존재의 기본 현실을 알고 무슨 일이 일어나고 있는지 알게 하고 싶습니다. 그리고 저는 여러분의 삶의 실제 상황에서 여러분과 함께, 여러분 곁에서, 하나님의 이름을 **개별적으로** 부르고 싶습니다. 그러면 여러분은 여러분 편이시고 여러분 곁에 계시는 하나님을 인정하고 그분께 반응하게 될 것입니다. 그렇게 보이지 않을 때도, 그렇게 느껴지지 않을 때도 말입니다.

저는 그 일에 계속 집중하기가 왜 이리 어려울까요? 왜 다른 일로 쉽사리 주의가 분산될까요? 한 가지 이유는 다른 많은 일을 해달라는 요청을 받기 때문입니다. 그 대부분은 유용하고 중요해 보입니다. 종교의 세계는 쇼핑몰에서 해결할 수 없는 온갖 필요를 위한 거대한 시장을 만들어 냅니다. 목사들은 이 종교적 시장에서 눈에 띄는 존재이고 '소비자를 만족'시킬 '상품들'을 내놓으리라는 기대를 받습니다.

그 필요들은 충분히 정당해 보입니다. 그리고 저는 요청을 받는 당사자이다 보니 도덕적 조언과 종교적 위안을 상품처럼 제공하는 습관에 빠집니다. 저는 금세 번창하는 사업 프로그램의 책임자가 되어 있습니다. 시간을 들여 하나님 관련-상품들을 매력적으로 전시할 여러 방법을 생각해 냅니다. 소비자들을 기쁘게 해주는 데 능숙해집니다. 그리고 상황파악을 제대로 하기도 전에, 하나님의 신비와 사랑과 위엄은 종교 시장의 소음과 광란에 묻혀 버립니다.

그러나 그렇게 되면 누가 하나님의 이름을 제대로 불러 공동체가 하나님을 우리 주님이자 구주로 제대로 볼 수 있게 할까요? 그런 사람이 없으면 공동체는 하나님을 우리의 소비 욕구를 채워 주기 위해 깔끔하게 포장해 가격표를 붙인 하나의 상품으로 여기게 될 것입니다. 혼란과 어둠과 상처의 자리들에서 누가 시간을 내어 여러분과 함께 오랫동안 서서 막후에서, 수면 아래서 치유와 구원이 이루어지고 있음을 분별해 낼까요?

제가 상점을 운영하는 일에 손이 꽁꽁 묶인다면, 여러분의 목사 노릇은 누가 하겠습니까?

복음 전하기

✑

복음전도는 특별한 좋은 소식을 인격적인 방식으로 전하는 의식적이고 무의식적인 모든 증언의 말과 몸짓과 행위에 붙는 꼬리표입니다. 그 좋은 소식에 따르면, 하나님은 세상에 살아 계시고 우리가 하나님의 사랑을 경험하는 것이 그분의 뜻이며, 예수 그리스도께서 우리가 그 사랑에 참여할 길을 제시하십니다. '구원받았다'는 말은 이 소식을 받아들인 상태를 가리킬 때 흔히 쓰는 용어입니다.

많은 사람이 이 좋은 소식을 이해하지 못합니다. 하나님이 그들 편이시라는 것을 모릅니다. 그들은 길을 모른 채 언젠가 운 좋게 천국행 복권에 당첨되기를 바라며 글자키를 하나하나 찾아 타자를 치듯 추측하고 더듬으며 삶을 낭비합니다. 그러나 우리 그리스도인들은 하나님이 우리 편이시라는 것과 예수님 안에서 하나님을 영접할 길을 압니다. 이 위대한 사안의 관련 내용을 다 알지는 못해도, 그 정도는 분명히 압니다. 그리고 그에 대해 다른 사람들에게 말하는 것이 우리의 의무이자 기쁨임도 압니다.

G. K. 체스터턴은 유명한 경구를 뒤집어서 이렇게 말한 바 있습니다. "할 만한 가치가 있는 일이라면 잘 못해도 할 가치가 있다."[13] 저는 이 말을 복음전도와 관련하여 생각합니다. 자신이 복음전도의 전문가라고 생각하는 사람은 많지 않습니다. 대체로 우리는 전도라고 하면 못한 일, 놓친 기회, 우리의 태만을 떠올립니

다. 때로는 복음전도를 생각할 때 미식축구장을 가득 채운 군중과 텔레비전의 화려함을 연상합니다.

　그러나 대부분의 복음전도는 점진적이고 자연스럽습니다. 대부분의 복음전도는 그리스도인들이 10년, 20년, 30년에 걸쳐 가정과 직장에서 같이 살아가고 같이 일하는 가운데 이루어집니다. 복음전도의 주된 대상은 우리 삶으로 잠시 넘어오는 낯선 이들이 아니라 우리가 평생에 걸쳐 같이 살고 함께 일하고 어울리는 사람들입니다. 복음전도가 그토록 어려운 이유가 바로 여기에 있습니다. 우리는 평범한 삶을 통해 비범한 하나님의 은혜를 전하는 법을 배워야 합니다. 각자의 말과 삶으로 무엇을 전하고 어떻게 전해야 하는지에 대한 끊임없는 자극과 지도가 필요합니다.

　그럼에도 불구하고 복음전도는 이루어집니다. 좋은 소식은 전해집니다.

3부
기도와 찬양에 관하여

하나님이 행하시는 일은 무엇이나 옳고
그분의 모든 일은 사랑으로 이루어진다.
하나님은 기도하는 모든 이들에게 귀 기울이시고
기도하는 모든 이들과 진심으로 함께하신다.

내 입이 끊임없이 하나님을 찬양하니,
살아 있는 모든 것은 그분을 찬양하고
그 거룩하신 이름을 찬양하여라.
지금부터 영원까지!

시편 145:17-18, 21, 메시지

On Living Well

회중의 본질

c/っ

그리스도인 회중은 함께 주목하기로 결심한 사람들의 무리입니다.

이야기 바로잡기

ぐら

그리스도인의 삶의 출발점은 단순하고 분명합니다. 하나님과 우리이지요. 그런데 거기서 머물지 못합니다. 잡동사니가 우리를 가득 채웁니다. 우리는 오염으로 엉망이 됩니다. 길을 잃고 당황하여 허둥댑니다. 지쳐 버려 이것이 삶의 전부인지 묻게 됩니다.

그러다 우리는 공동체로 함께 모입니다. 하나님을 예배하고 서로를 받아들입니다. 그로 인해 우리를 만드시는 하나님, 우리를 구원하시는 그리스도, 우리 안에서 역사하시는 성령에 관한 이야기를 다시 배우고, 세상 속 이웃들 사이에서 우리 주님처럼 말하고 행하게 됩니다.

영적 공동체 안에서 우리는 각자의 참된 이야기와 정체성을 회복하려 노력합니다. 그 이야기와 정체성을 통해 우리의 존엄과 아름다움을 깨닫고 사랑하는 법을 발견하게 됩니다. 우리가 기본으로 삼고 분명히 해야 하는 것이 있습니다. 우리는 최대한 적게, 하나님은 최대한 많이 받아들여야 한다는 것입니다.

복음의 감각성

❧

예수 그리스도의 복음은 충격적일 만큼 감각적입니다. 우리는 모든 물리적 감각을 동원하여 새 생명을 받아들이고 나타냅니다. 예수님은 육신과 흙의 원재료에서 불순물을 제거하여 순수하고 희귀한 영으로 만드시지 않습니다. 그분은 우리를 재차 물리적인 것으로 돌려보내고 물질성에 잠기게 하십니다. 바위, 나무, 몸통, 혀를 창조하시고 예수 그리스도 안에서 육신이 되신 하나님은 믿음, 사랑, 소망의 실천을 통해 우리의 오감을 회복시키시고 구속救贖하십니다.

믿음의 삶에는 오감이 접근할 수 없는 것이 많습니다. 우리는 하나님을 볼 수 없고 성령님을 뜻대로 할 수 없고 천사들의 소리를 들을 수 없습니다. 그렇지만 믿음의 삶에는 놀라운 감각성도 있습니다. 세례의 물, 성찬의 빵과 포도주, 성별하는 기름 등이죠. "맛보아 알지어다"는 한 시편 기자의 긴급한 초청이었습니다시 34:8.

예수님은 사람들과 손길을 주고받고, 말하고 듣고, 시선을 나누는 데 많은 시간을 들이셨습니다. 죄를 용서하셨을 뿐 아니라 (이것은 감각되지 않는 내적 작용이지요) 시력과 언어능력, 청력도 되찾아 주시고 팔다리를 다시 쓸 수 있게 해주셨습니다. 그래서 사람들은 마음뿐 아니라 몸으로도 신앙의 삶을 살 수 있었습니다. 죄로 둔해진 오감은 거룩함으로 날카로워집니다. 예수님의 몸이라는 수단을 통해 하나님의 생명이 계시로 우리에게 경험되고 표현

되는 것처럼, 우리의 몸이라는 수단을 통해 하나님의 생명이 믿음으로 우리에게 경험되고 표현됩니다.

예수님은 하나님이 우리 안에서 창조하시고 육성하시는 이 새 생명을 통해 벌어지는 일을 가르치시면서 우리가 오감으로 경험하는 일들을 종종 사용하여 설명하십니다. 소금의 짠맛과 빛이라는 현상이 그 사례입니다. 그리스도인이 되고 그리스도인으로 성숙할수록 우리는 신체와 더욱 긴밀해집니다. 우리의 신체능력과 오감 활용 덕분에 우리와 주위 사람들은 하나님을 경험할 수 있게 됩니다. 하나님은 예수님의 육신 안에서 자신을 계시하셨습니다.

벼려진 순례자들

∽

수 세기에 걸쳐 그리스도인들은 습관과 익숙함으로 무뎌진 신앙적 전망vision을 다시 날카롭게 하기 위해 순례를 떠났습니다. 그리스도를 믿는 삶이란 무엇보다 사건들과 사실들, 돌과 칼의 구체적이고 날카로운 특성, 인식을 형성하는 풍경과 날씨의 힘에 몰입하는 것입니다.

사랑, 예수, 죄, 베드로, 은혜, 성령 같은 단어들이 사전의 표제어로 축소되거나 토론하고 설명할 주제로만 보인다면, 이 단어들은 더는 우리가 살아가는 방식에 중요하지 않고, 우리의 구원을 빚어 가는 거대한 에너지의 요소도 아닙니다.

손 타지 않은 거룩함

॰

배낭에는 샌드위치 여덟 개(참치 샌드위치 넷, 땅콩버터 샌드위치 넷), 램버트 체리 한 봉지, 물 두 병, 쿠키 몇 개가 들어 있었습니다. 우리는 몇 시간 후에 있을 넉넉한 점심식사를 기대했습니다. 몬태나 어느 산의 기슭에서 8킬로미터 떨어진 우리의 목적지 그리넬 빙하 호수가 멀찍이 보였습니다. 저는 좋은 친구들과 함께 있었고, 이제 몇 시간 동안 만끽하게 될 건강과 아름다움, 넘치는 선과 풍성한 생명력을 감지하고 있었습니다. 저는 등산로 기점에 서서 친구에게 말했습니다. "나는 이 순간이 너무 좋아. 산행을 앞두고 등산로 기점에 선 순간 말이야. 매주 일요일 아침에 예배당에 들어가 교우들에게 주님을 예배하자고 초청할 때도 바로 이런 느낌이 들어."

기대. 애쓰지 않아도 집중되는 에너지. 하나님. 손 타지 않은 거룩함으로 들어섬. 등산을 시작할 때마다, 그리스도 우리 왕 교회의 예배를 시작할 때마다, 신선하고 깨끗한 그 느낌이 다시 찾아옵니다.

예배라는 등산로 기점을 따라가면 제대로 주의를 집중하고 그분을 흠모하는 상태에 이르게 됩니다. 이것이 바로 하나님을 예배하는 일입니다. 몬태나의 공기처럼 예배는 우리를 새롭게 해 줍니다. 자연의 요소인 산과 바람, 태양과 물속에서 고독과 침묵에 잠길 때처럼 예배는 우리를 회복시킵니다. 손 타지 않은 이 거룩한 생명은 다른 일련의 근본 요소들인 말씀과 성례, 찬양과 기

도, 문안과 복을 경험하도록 우리를 준비시킵니다. 예수 그리스
도 안에 계시된 하나님을 예배할 때마다 우리는 그 안으로 뛰어
듭니다.

첫걸음

∾

기독교적 방식이 내포하는 한 가지 중요한 확신은 '만인 제사장론'입니다. 모든 신자가 서로에게 제사장이 되어 은혜, 자비, 용서를 전할 수 있고, 각자가 인격적 감화력으로 하나님의 사랑을 생생하게 전하여 서로 이어질 수 있다는 것입니다. 이 확신의 현대적 함의는 '만인 **리더십**'이라고 바꿔 부름으로써 더 잘 드러날 것입니다.

리더십은 이 첫걸음을 내디뎌 다른 사람들이 따라올 수 있게 하는 능력으로, 모든 사람에게 있습니다. 이것은 서로 이어지게 하는 능력입니다. 우리가 참여하는 것에 다른 사람들도 참여할 수 있도록 말입니다. 그 '참여'의 대상은 그리스도입니다.

근본적 결과

෨

하나님은 우리에게 말씀하십니다. 이것은 우리 신앙의 중대한 근본적 사실입니다. 하나님은 우리에게 말씀하시고 그 말씀으로 인해 우리는 존재하고 구원을 받습니다. 언어라는 수단에 의해 미지의 것이 알려지고 숨겨진 것이 이해 가능하게 됩니다.

하나님은 언어를 사용해 그분의 뜻을 드러내십니다. 그분의 뜻은 나무와 하늘과 철쭉 안에서, 세례와 찬양 안에서, 회심과 성만찬 안에서, 사랑과 자비 안에서 분명하게 드러납니다. 우리는 하나님의 말씀으로 생겨난 결과물인 주위의 모든 것을 통해 하나님의 뜻을 보고 듣습니다. 그리고 거기에 반응하여 우리가 하나님께 말씀드립니다. 이것은 우리 신앙의 중대한 근본적 결과입니다. 우리는 하나님께 말씀드립니다. 말로 그분의 영광을 찬양하고, 그분의 창조하심과 구원하심에 동의하고, 그분 안에서 누리는 순전하고 주체할 수 없는 기쁨을 드러냅니다.

언어라는 이 놀라운 선물, 우리가 누구인지 말하고 마음의 비밀과 복잡 미묘한 감정과 때때로 머릿속에서 떠오르는 혼란스럽거나 명료한 생각들을 드러낼 때 쓰는 이 신비로운 능력은, 우리가 하나님께 대답하고 그분의 초청과 명령에 응답함으로써 우리가 누구인지 알아내는 기본 수단입니다.

보이지 않는 위대한 분들

એ

예배는 우리 삶의 중심을 잡아 줍니다. 예배할 때 우리는 하나님께 발언의 우선권을 드립니다. 흠모와 찬양을 실천하여 다가올 일주일의 분위기를 잡습니다. 예배로 만들어지는 현실에 대한 감각을 통해 우리는 '보이지 않는 위대한 분들'(하나님, 그리스도, 성령)을, 가족 구성원과 직장과 해야 할 일들의 목록만큼이나 일상에서 새롭고 생생하게 느낄 수 있습니다.

예배의 조각들

ↄ

우리 삶의 조각들은 예배 안에서 내적 정합성을 찾습니다. 때로
는 혼란스러워 보이는 우리 사이의 대조적인 면들과 다양성은 우
리가 예배 가운데 하나님의 공동체로 모일 때 제자리를 잡습니다.
예배는 우리를 온전히 회복시켜 난장판 가운데서도 제정신을 유
지하고, 불운 앞에서도 기뻐하게 해줍니다.

거꾸로 된 단어

ભ

모든 썩을 것이 썩지 않을 것으로 바뀌고, 죽을 수밖에 없는 것이 죽지 않을 것으로 바뀔 것입니다. 그때가 되면, 다음의 말씀이 이루어질 것입니다. "생명이 죽음을 삼키고 승리를 거두었다! 오 죽음아, 누가 최종 결정권을 쥐었느냐? 오 죽음아, 이제 누가 너를 두려워하겠느냐?"

— 고린도전서 15:54-55, 메시지

세상은 우리에게 잘못된 교육을 합니다. 단어들을 뒤집어 놓고, 잘못 발음하고, 왜곡하고, 엉터리로 구성하고, 진부하게 써서 망쳐 버립니다. live(살아 있는)의 철자를 거꾸로 쓰면 evil(악, 악한)입니다. 악evil은 2천 년 전 예루살렘에서 머리기사를 차지했고, 지금도 여전히 그렇습니다. 그러나 역사를 사로잡고 우리를 사로잡는 존재는 살아 계신 예수님입니다.

삶을 구성하는 모든 요소는 알파벳을 구성하는 글자들처럼 그 목표와 반대로 쓰일 수 있습니다. 혼란을 초래하고 거짓말하고 파괴하는 데 쓰일 수 있습니다. 삶의 요소들이 잔인함과 조롱, 죄와 죽음으로 뒤집히고 왜곡됩니다.

그러나 설명하기 어렵지만, 무덤의 침묵 속, 죽음의 신비 너머에서 삶의 요소들이 재배열되고 바로잡힙니다. 부활하시고 살아 계신 예수님 안에서 기본 단어가 제대로 표기됩니다. 사도 바울은 고린도전서 15장의 눈부신 부활 묵상에서 부활과 헛됨을, 온전함과 공허함을, 현실과 망상을, 살아 있음^{live}과 악^{evil}을 대비합니다. 그가 사용한 최상급 표현들은 절제된 것들입니다. 예수님은 뒤집히고 거꾸로 된 말의 주술을 깨뜨리십니다.

예수님의 부활은 단어들의 철자를 바로잡아 우리가 올바르게 말하고 가락에 맞게 노래하고 구원받은 삶을 살 수 있게 해줍니다. evil이 아니라 live가 올바른 철자입니다. 부활은 철자가 뒤집혀 원래 단어의 신성모독적 패러디가 된 단어의 저주를 풀어 원래의 단어, 육신이 되신 말씀으로 되찾아 줍니다. 부활은 우리의 말에 의미를 되찾아 주고 우리의 행동에 의미를 부여합니다.

그리고 우리의 삶에 영원한 목적을 부여합니다.

성경적 비전이 보여주는 것들

ℰℐ

하나님의 세계는 늘 우리 세계보다 큽니다. 성경적 비전은 그 세계가 얼마나 큰지 보여줍니다. 기독교 신앙은 편안한 것, 제 한 몸 건사하는 수준에 머물러서는 안 됩니다. 우리는 더 큰 일에 참여하고 있습니다.

성경적 비전이 없으면 세상은 작아지고 이기적이 됩니다. 이 비전이 있으면 세상은 넓어지고 너그러워집니다. 그리고 우리 삶들이 모이고 축적되어 공동체와 교회를 이룹니다. 이 비전이 없으면 우리 교회는 반복된 프로그램과 의식으로 쪼그라듭니다. 이 비전이 없으면 교회는 사람들을 공과금을 내는 데 도움이 되는 존재, 프로그램에 참여시킬 소비자로 보게 됩니다.

잘 산다는 것

뿌리에서 자라는 것

❧

그리스도인의 성장은 다른 모든 성장이 그렇듯, 영양분의 원천과 지속적으로 닿아 있어야 가능합니다. 뿌리가 지탱할 수 있는 정도를 넘어서는 활동을 하면 생산성을 잃습니다. 뿌리가 잘린 채 활동을 시작하면 금세 시들어 다음 주면 유행하는 다른 꽃꽂이로 대체될 것입니다.

빛에 대하여

⟐

빛은 상징입니다. 그리스도인들 사이에서 흔하면서도 중심적인 상징, 곧 그리스도의 상징입니다.

그리스도의 사랑은 태양 빛이 우리 삶에 쏟아지듯, 자비와 은혜로 우리를 따뜻하게 밝혀 줍니다. 빛이신 그리스도께서 세상의 구석구석을 비추십니다. 또한 그 빛은 인간의 모든 면에도 비칩니다.

그 빛 아래에서 세상은 하나님이 사랑하시는 곳으로 드러나고, 인간은 하나님이 구원하시는 피조물로 드러납니다. 이것은 위대한 통찰입니다. 그리스도께서 모든 것과 모든 사람을 밝히시고, 우리의 조각나고 그늘진 삶을 풍부한 경험이 있는 온전한 삶으로 바꾸십니다.

내면의 전문가

⁕

목사의 직무 가운데 사람들에게 기도를 가르치는 것보다 더 중요한 일은 없습니다.

제 말을 오해하지 마십시오. 저는 '기도를 더 유창하게' 하는 법을 말하는 것이 아닙니다. 저는 기도에 관한 강연에는 관심이 없습니다. 기도라는 용어는 내면의 자아를 기르는 일, 삶 전체에서 하나님의 임재를 익숙하게 훈련하는 일을 가리키지, '종교적' 부분을 가리키지 않습니다.

기도할 때 우리는 자신의 가장 평범한 자아, 모든 사람의 평범한 자아를 만나고, 우리에게 말씀하시는 하나님께 가장 단순하고 직접적인 언어로 대답하는 법을 배웁니다.

우리 삶의 외적 부분들에 대처할 방법을 보여줄 사람은 주변에 많고 우리는 그 일을 썩 잘해 내게 됩니다. 그러나 우리는 우리 삶의 내면을 상대하는 법을 배워야 하고 그 일에 전문가가 되어야 합니다. 저는 여러분이 남은 평생을 자신이 늘 부족하다고 느끼면서 길을 찾아 더듬거나, 자신의 서투름을 영원히 사과하면서 보내기를 원하지 않습니다.

짤막한 기도

☙

"우리를 위해 짤막하게 기도해 주실래요?" 처음 보는 선량한 사람에게 받는 이런 요청은 목사가 정기적으로 겪는 수모입니다.

언젠가는 용기를 내어 이렇게 호통을 칠 생각입니다. "안 할 겁니다! '짤막하게 기도'해 달라고요? 기도할 때 우리는 두렵고 거룩한 하나님께 다가간다는 것을 모르십니까? 모든 존재의 불타는 중심을 바라보는 일인 줄 몰라요? 그런데 '짤막하게 기도'해 달라고요? 기도가 무슨 낭송 같은 거라고 생각해요? 급우들과 학부모들 앞에서 재미로 낭송하는 시인 줄 알아요? 기도는 우리의 가장 깊은 내면에서 나오는 친밀한 말이고, 우리의 가장 깊은 갈망에서 만들어져 종종 불분명한 신음이 되어 버린다는 것을 모르십니까?"

별생각 없는 낯선 사람들 사이에서는 차마 이렇게 말하지 못하지만, 예수 그리스도를 믿는 믿음으로 살기로 헌신한 우리 교우들, 적어도 여러분 앞에서는 자유롭게 말할 수 있습니다. 그리스도인으로서의 삶에 본질적이고 필수적인 요소는 성령 안에서 간절히 기도하는 것이라고 말입니다. 기도는 (식당에서 틀어 주는 시원찮은 녹음 음악처럼) 긴장된 신경을 완화하고 삶의 우발적 소음을 가려 주는 경건한 배경음악이 아닙니다. 기도의 전제는 하나님이 우리에게 말씀하신다는 것입니다. 하나님은 말씀으로 우리를 존재하게 하시고 그 말씀으로 우리를 그분과의 인격적 관계로 이끄십니다.

말을 걸어온 사람에 대한 통상적인 반응은 무엇입니까? 응답하는 것 아닙니까? 기도는 응답입니다. 대답하는 말입니다. 하나님의 말씀은 우리 존재의 중심, 즉 우리 창조의 본질에 대고 우리의 가장 깊은 갈망 가운데 우리의 궁극적 운명에 관해 말을 겁니다. 우리는 대답합니다. 찬양하고 고백하고 질문하고 흠모하고 의심하고 약속합니다. 기도합니다. 이런 대답의 말들은 우리 깊은 곳에서 흘러나옵니다. 우리 존재의 전 범위를 아우릅니다. 경박함을 제외한 어떤 기분으로든 이 대답의 말을 할 수 있습니다. 모든 것이 기도의 내용이 될 수 있지만, 우리가 관심을 두지 않는 것은 그 내용이 될 수 없습니다.

야고보는 신약성경에서 가장 실제적인 서신을 가장 실제적인 결론으로 마무리하면서 성령 안에서 간절히 기도하도록 우리를 훈련시키는 두 가지 통찰을 제시합니다^{약 5:13-18 참조}. "여러분 가운데 고난을 받는 사람이 있습니까? 그런 사람은 기도하십시오"^{13절, 새번역}. 기도는 우리가 첫 번째로 하는 일입니다. 두 번째, 세 번째, 마지막에 하는 일이 아닙니다. 우리는 흔히 기도를 최후의 수단으로 생각합니다. 할 수 있는 일을 다해 보고 그래도 안 될 때 기도하는 거라고요. 그러나 기도는 우리가 할 수 없는 일을 하나님께 맡기려는 시도가 아닙니다. 기도는 하나님이 이미 시작하신 일에 참여하는 것입니다.

기도는 **대답하는** 말이라는 것을 기억하십시오. 하나님이 먼저 말씀하십니다. 우리가 하나님을 우리 대화에 끌어들이는 게 아니라, 하나님이 우리를 그분의 대화에 초대하십니다. "여러분 가운데 고난을 받는 사람이 있습니까?" 어디든 어려움이 있습니까? 상실감, 자괴감, 당혹감이 있습니까? 하나님이 뭐라고 말씀하시는지 알아내고 대화에 합류하여 그 지점부터 대답하십시오. "엘리야는 우리와 같은 본성을 가진 사람"이었고 "기도"했습니다17절, 새번역. 누구나 기도할 수 있습니다. 기도는 전문가만의 것이 아닙니다. 기도는 경건이 적성에 맞는 소수의 전유물이 아닙니다. 성자聖者가 아니라도 기도할 수 있습니다. 심지어 그리스도인이 아니라도 기도할 수 있습니다. 여러분이 다른 모든 사람과 '똑같다'면 기도할 수 있습니다. 다시 말하지만, 기도는 대답하는 말입니다.

우리는 먼저 연설문을 작성해서 전능자께 내놓지 않습니다. 우리는 대답할 뿐입니다.

중심으로부터의 기도

❧

기도는 가장 인간적인 행위이고 인간답게 만드는 행위라고 저는 확신합니다. 가끔 이런 부탁을 해옵니다. "목사님, 기도를 가르쳐 주세요." 이런 요청을 받으면 행복합니다. 이제 기도의 동반자가 생겼고, 또 다른 교우가 영혼의 연구실험실에 들어갈 준비가 되었음을 알게 되었기 때문입니다. 이 실험실에서 하나님의 은혜를 발견하고 거기에 참여하는 독창적인 작업이 이루어집니다. 저는 기도하는 목사, 여러분이 주저 없이 자유롭게 기도 요청을 하는 목사가 되고 싶습니다.

그러나 저는 기도하는 회중도 원합니다. 저 자신과 다른 사람들을 위해 기도를 요청할 수 있는 회중, 자비와 치유와 은혜라는 하나님이 세우신 중심에서부터 확신이 쌓여 가는 교인들 말입니다.

이것이 바로 기도입니다. 기도의 행위는 하나님이 세우신 중심에서 출발하여 바깥으로 작용합니다. 목사와 회중으로서 우리의 주요 과제는 내면의 중심에서 외면의 주변부로 작용하는 이 역량을 획득하는 것이지요. 우리는 많은 교육과 자극을 받아들여 동물과 여러 사물로 이루어진 외부세계에서 살아갈 수 있게 됩니다. 저는 우리가 존재와 영으로 이루어진 내면세계에서도 이에 버금가는 역량을 습득하기를 열망합니다.

만남

✦

하나님이 우리에게 오시고 우리는 하나님께 갑니다. 이 만남이 구원입니다.

우리는 예배 안에서 이 만남을 축하합니다. 예배는 우리를 안내하고, 하나님의 오심과 우리의 나아감이 허울뿐인 만남이 아니라 진정한 만남을 가져옴을 알게 합니다.

예배는 우리의 의식을 고양시킵니다. 그래서 우리는 더듬거리며 찾는 우리의 믿음과 하나님의 은혜가 하나로 이어질 때, 우리 마음에서 이루어지는 영원한 상호작용을 인식할 수 있게 됩니다.

하나님의 말씀이 분명하게 전해지고 찬양의 소리가 사람들 안에서 조화를 이루고 그들의 고백 가운데 어우러질 때 예배의 기쁨은 더욱 커집니다.

잘 산다는 것

새로운 꼬리표

❦

하나님의 뜻으로 말미암아 그리스도 예수의 사도 된 바울은
에베소에 있는 성도들과
그리스도 예수 안에 있는 신실한 자들에게 편지하노니
하나님 우리 아버지와 주 예수 그리스도로부터
은혜와 평강이 너희에게 있을지어다.

— 에베소서 1:1-2

바울은 우리를 성도聖徒라고 부릅니다. 이것은 역사상 가장 과장된 언어사용 사례 중 하나입니다. 그의 말은 진심일까요? 그가 우리를 알기는 할까요? 혹시 그것은 냉소적인 영업용 아첨 같은 것일까요? 우리는 평생에 걸쳐 많은 이름으로 불렸지만, 그중에 거룩하다는 이름은 없습니다. 적어도 우리를 아는 사람들이 그렇게 부른 적은 없습니다. 도대체 어떻게 된 일일까요?

성도. 사도 바울은 우리를 성도라고 부릅니다. 우리는 여러 방식으로 범주화되는 데 익숙합니다. 지적으로(학습부진, 보통, 영재), 심리적으로(내향성, 외향성), 사회적으로(하류층, 중산층, 상류층), 신장으로(작은 키, 중간 키, 큰 키), 체중으로(저체중, 평균체중, 과체중), 법적으로(유죄, 무죄) 말입니다. 그러나 성도는 새로운 꼬리표입니다. 이 꼬리표에 적응하는 데는 시간이 걸립니다.

우리가 서로에게 흔히 붙이는 꼬리표는 서로에게 기대할 수

있는 것에 관심을 갖게 하지만, 성도라는 꼬리표는 우리가 하나님께 기대할 수 있는 것에 관심을 갖게 합니다. **성도**는 우리가 하는 일이나 할 수 있는 일을 가리키는 것이 아닙니다. 하나님이 우리 안에서 하셨고 하고 계시는 일을 말합니다.

중심을 향해 기도하기

❧

기도라는 행위는 우리 자신이 된다는 의미의 중심으로 우리를 끌어당깁니다.

기도할 때 우리는 가장 인간다워집니다.

말의 책임

c/)

단어. 음절. 문장.

우리는 말을 너무 흔히 쓰고 너무 쉽게 쓰다 보니 말이 얼마나 놀랍고 귀한 것인지 잘 모릅니다. 우리는 말을 하고 자신의 말을 이해시키는 능력이 있고, 말을 듣고 서로를 이해하는 능력도 있습니다. 우리가 말을 할 수 있다는 단순한 (또는 복잡한) 사실이 우리가 말을 잘할 거라는, 또는 진실을 말할 거라는 보장이 되지는 않습니다. 우리는 허튼소리를 할 수 있고 실제로 허튼소리를 합니다. 우리는 거짓말을 할 수 있고 실제로도 거짓말을 합니다.

말은 우리에게 큰 기쁨을 줍니다. 말을 매개로 세상을 이해하게 되고 사람들과 친밀한 관계를 맺을 수 있기 때문입니다. 하지만 말은 우리를 불쾌하게 할 수도 있고 심지어 파괴할 수도 있습니다. 말이 내용을 잘못 전달하거나 위조하거나 조작할 때 그런 일이 벌어집니다. 말은 우리가 누구인지, 세상의 모습은 어떠한지, 하나님이 어떤 분인지, 그분이 우리에게 어떻게 오시는지를 이해하는 데 기본이 되는 반면에, 그 가치를 인정받지 못할 때가 많고 너무나 쉽게 오용됩니다. 그래서 교회는 그 구성원 중 일부를 설교자와 교사로 따로 뽑아 그들이, 말하자면, 말을 책임지게 합니다.

그리고 그들에게 이렇게 합니다. "여러분의 임무는 우리가 이 말씀을 듣고 귀를 기울이게 하는 것입니다. 우리가 이 말을 잊거나 하찮게 여기면 모든 것의 핵심을 놓치고 말 것입니다. 하나님을 놓치고 말 것입니다. 세상에는 많은 일이 일어납니다. 해야 할 일도 많고 가야 할 곳도 많고 만날 사람도 많습니다. 아기 기저 귀를 갈아야 하고 직원 급여를 지급해야 하고 음식을 준비해야 하고 차량을 수리하고 상처를 치료하고 문제를 해결해야 합니다. 우리는 이런 위기상황과 도전 가운데, 이 모든 소음과 광란 가운데 말씀을 신실하고 정확하게 들려주고 선포하고 가르칠 사람이 필요합니다. 우리가 그 말씀을 경청하고 그 말씀으로 기도하고 그 말씀을 믿을 때 우리 곁에 머물 사람이 필요합니다."

대화가 가능할까요?

∽

너는 어린아이라고 말하지 마라.

내가 너를 보내는 모든 사람에게 너는 가야만 하고

내가 네게 명령하는 모든 것을 말해야 한다.

— 예레미야 1:7, 우리말성경

말씀으로 세상을 창조하시고 우리를 창조하신 하나님과, 감자 한 접시 더 달라고 말하는 우리, 계산대에서 브로콜리 가격이 3달러 50센트 과다 청구되었다고 말하는 우리 사이에 대화가 가능할까요? 그분의 말씀과 우리의 말이 어울릴 수 있을까요? 이 둘은 중요성의 차원이 완전히 다르지 않나요?

하나님 말씀의 타당성에 대해서는 의문의 여지가 없겠지만, 우리의 말이 똑같은 방식으로 타당한가에 대해서는 부정적일 수 있습니다. 우리의 말은 하나님과 대화하는 데 사용될 만한 가치가 없다고 생각할 수 있습니다. 그러나 하나님과의 대화는 나 자신이 무가치하다는 느낌을 계기로 시작된다는 사실을 놓쳐서는 안 됩니다. 우리는 자신을 배제하는 행위를 통해 하나님과의 대화에 자신을 포함시키기 시작합니다. 하나님께 대답하는 방식으로 말입니다.

우리의 말과 하나님의 말씀이 만날 때 뭔가 새로운 일이 벌어지기 시작합니다. 우리의 말이 타당성을 인정받습니다. 우리의

잘 산다는 것

말이 정당성을 인정받습니다. 하나님의 말씀이 기능하는 것과 똑같은 방식으로 우리의 말이 기능합니다. 드러내고 창조하는 것입니다. 그래서 주님은 예레미아에게 말씀하십니다. "'나는 어린아이일 뿐입니다'라는 말로 너 자신을 폄하하지 마라. 너에게는 할 말이 있고 그 말을 해야 한다. 그것이면 충분하다." 하나님의 형상을 지녔다는 말의 최소한의 부분적 의미는 언어를 가졌다는 것입니다. 우리 삶의 신비로운 내면들을 사랑과 이해로 이어 주는 말을 할 수 있고 그 말에 귀를 기울일 수 있다는 것입니다.

기도의 동반자

∽

하나님, 내가 부르짖는 소리를 들으시고,

내 기도 소리를 귀담아 들어 주십시오.

내 마음이 약해질 때,

땅 끝에서 주님을 부릅니다.

내 힘으로 오를 수 없는 저 바위 위로

나를 인도하여 주십시오.

— 시편 61:1-2, 새번역

우리는 그리스도를 주와 구주로 영접했습니다. 이것은 우리를 사랑하시고 예수님 안에서 자신을 주시는 하나님께 우리 삶을 바치는 근본적 헌신입니다. 이런 우리에게 기도는 가장 포괄적이고 가장 본질적인 행위입니다.

기도 가운데 우리는 세상에서 쏟아지는 자극이 아니라 하나님께 반응하여 우리 삶의 모든 부분, 몸과 영혼을 찬찬히 성장시켜 갑니다. 기도하는 삶은 힘들고 고되지만 결코 암울하지 않습니다. 자연스러운 기쁨이 간헐천처럼 쏟아지고 선이 뿜어 나옵니다. 기도하는 삶은 동반자들이 필요한 평생의 과제입니다.

우리 주님 다음으로 제가 아는 최고의 기도 동반자는 다윗입니다. 그의 시편을 읽어 보십시오. 시편에서 다윗은 자신의 모든 경험, 모든 어려움과 성취, 모든 의심과 확신을 하나님 앞에 다 내

잘 산다는 것

어놓고, 그것들이 온전함으로, 구원으로 빚어지는 것을 발견합니다. 그 과정에서 그는 더 진솔하게 자기다워지는 동시에 더욱 하나님의 소유가 되어 갔습니다. 우리도 많은 면에서 다윗과 같기를 바랄 수 있습니다.

교회에서의 기쁨에 대하여

❧

지구상 다른 어떤 곳보다 교회에서 더 많은 찬양을 부르고 그리스도인 회중은 어떤 조직보다 더 많은 기쁨을 표현합니다.

이번 주 여러분이 시간을 보낸 장소들을 생각해 보십시오. 슈퍼마켓과 백화점은 대체로 우울한 장소입니다. 카트를 밀고 다니는 사람들은 초조하게 물건값을 비교하고, 계산대에서 돈을 내는 이들의 얼굴에는 불만이 깊이 새겨져 있습니다. 행복한 환경이 아닙니다. 여러분이 달리는 도로는 어떻습니까? 주변의 차들은 대부분 걱정에 빠진 충동적인 사람들이 운전하고 있습니다. 신호등 불이 바뀐 후 여러분이 너무 오래 지체한다거나 차선에서 조금 벗어난다면 어떤 반응이 돌아올까요? 성난 경적이 울리고 사나운 눈빛과 무례한 표정이 날아옵니다. 고속도로는 썩 즐거운 곳이 아닙니다. 자동차 전시장과 중고차 매장은 어떤가요. 많은 사람들이 그곳을 서성거리지만 또 다른 차를 산다는 기쁨과 기대는 거래에 따르는 의심과 계산에 밀려납니다. 경기장은 어떻습니까. 그곳에는 과도한 감정 표현이 있습니다만 관객 중에 기뻐하는 사람은 놀랍게도 많지 않습니다. 주된 분위기는 불평과 언쟁과 비판입니다.

저는 교회를 이런 곳들과 다른 기쁨과 찬양의 장소로 기꺼이 제시할 수 있습니다. 교회가 완전한 곳이 아니라는 것은 저도 압니다. 개선의 여지가 있다는 것도 압니다. 교회에 실망하는 사람들이 있다는 것도 압니다. 그러나 세상에서 이렇게 지속적인 호의와 한결같은 기쁨, 하나님의 사랑을 느긋하게 즐거워하는 모습이 있는 다른 장소를 저는 알지 못합니다. 교회에서는 제가 아는 다른 어떤 곳보다 돈에 대해 더욱 너그럽습니다. 지역사회 다른 어느 곳에서 사람들이 매주 자기 돈을 바치고는 일어나서 "만복의 근원 하나님"을 찬양합니까? 슈퍼마켓에 갔는데 모르는 사람이 다가와 이렇게 물어본 적이 있습니까? "저, 여기 처음이신가요? 당신을 더 알고 싶습니다." 그러나 이런 일은 그리스도인들 사이에서 늘 벌어집니다.

저는 교회의 다른 면도 압니다. 모든 교회에는 서로에 대해 악감정을 품은 사람들이 있다는 것을 압니다. 삶에 너무나 큰 상처와 충격을 받아 어떤 기쁨도 표현할 수 없는 이들이 있다는 것도 압니다. 예배시간 내내 따분해하고 아무것도 못 느끼는 무심한 사람들이 있다는 것도 압니다. 저는 이 모든 것을 압니다. 어쩌면 여러분 중 누구보다도 잘 알 것입니다. 저는 교회에 대한 그런 사실을 부정하지도 축소하지도 않습니다.

제가 정말 하고 싶은 말은 그 모든 것에도 불구하고, 어쩌면 그 모든 것 때문에 교회에는 세상의 다른 어떤 곳보다 많은 찬양, 축하, 기쁨이 있다는 것입니다.

적절함과 풍요로움

⟡

우리는 하나님의 초대에 응하여 성찬대로 나아갑니다. 재확인하고 다시 경험하고 기억하고 받습니다.

우리 **모두** 부름을 받습니다. 우리 **각자** 섬김을 받습니다. 공통적으로. 개별적으로. 우리의 공통성이 강조되고, 독특성은 보존됩니다. 기본적인 필요는 적절히 채워지고, 갈망은 넘치게 충족됩니다.

기독교 신앙은 생존을 위한 빵입니다. 그러나 그것은 풍요의 포도주이기도 하지 않습니까? 하나님은 우리에게 영원한 생명을 주십니다. 모든 대륙과 모든 나라에서, 그리스도인들은 이 생명을 받습니다.

행복에 대하여

❧

한동안 우리나라는 행복한 얼굴들로 도배되다시피 했습니다. 전염성 있는 환한 미소를 짓는 샛노란 둥근 얼굴이 어디에나 있었습니다. 스마일이 유행하는 것처럼 보이던 시절이었습니다. 행복한 것은 멋진 일입니다. 행복한 얼굴은 광고에 등장했습니다. 행복한 표정이 잘 안 지어지면 행복한 얼굴 스티커를 사서 차량 범퍼에 붙였습니다. 입은 사람의 기분이 좋다고 널리 알려 줄 만한 원피스나 셔츠를 사기도 했습니다.

저는 행복한 얼굴을 좋아합니다. 누가 안 그렇겠습니까? 미소와 찡그림 중에서 고를 수 있다면, 누가 미소를 고르지 않겠습니까? 미소는 분위기를 밝혀 줍니다. 기분이 좋아지게 합니다. 저는 행복한 얼굴에 너무 길들여져서 슬퍼하는 것에는 뭔가 애국적이지 않은, 적어도 기독교적이지 않은 요소가 있는 것처럼 느껴질 정도입니다. 인간의 성격에서 어두운 면들은 대체로 추방되어 왔습니다. 그것들은 사업에 더 이상 도움이 되지 않습니다.

그러나 행복이 아무리 인기 있어도 그리스도인들이 늘 미소를 짓는다는 것은 신화입니다. 도도한 기쁨의 물결이 그리스도인의 삶을 관통하고 찬양과 즐거운 예배 가운데 계속 등장하는 것은 사실입니다. 교회 안의 생활과 그리스도인의 증언에는 축제의 기운이 강하게 깃들어 있습니다. 그러나 거기서 나오는 미소는 괴롭고 어려운 모든 일을 무시하거나 부정해서 유지되는 것이 아닙니다.

하나님의 말씀과 그분의 뜻으로 현실에 맞서는 그리스도인들은 어려운 상황을 만나게 마련입니다. 우리는 답이 없는 질문들과 씨름해야 합니다. 하나님의 계명을 진지하게 받아들이고 이웃과 원수를 사랑하는 과제에 진지하게 헌신하면, 다른 이들과 충돌하게 되고 심지어 어리석고 어리숙해 보이는 처지가 될 것입니다. 한마디로 웃음거리가 되는 거지요. 그것은 유쾌한 일이 아닙니다. 하나님이 불공평하다는 생각과 함께 절망감에 빠져들 것입니다. 하나님의 세계에는 정의가 없다거나 심지어 우리가 단단히 속았다는 느낌이 때때로 찾아올 것입니다.

그런 어두운 터널로 들어갈 때 많은 사람이 먼저 이런 생각을 합니다. '내가 더 나은 그리스도인이라면 이렇게 느끼지 않을 텐데. 믿음이 깊다면 이런 신성모독적 생각들이 떠오르지 않을 텐데. 내가 정말 훌륭한 그리스도인들처럼 균형 잡히고 평화롭고 삶에서 하나님의 뜻을 받아들일 수 있다면 얼마나 좋을까!'

그러나 그리스도인은 이런 의심이나 절망감과 전혀 상관없는 사람이 아닙니다. 그리스도인은 의심과 절망에도 불구하고 믿는 사람, 하나님의 명령이 내키지 않아도 순종하는 사람, 바랄 수 없는 중에도 소망을 품는 사람입니다.

겟세마네 동산에 계셨던 예수님은 십자가 결정을 놓고 고뇌하셨습니다. 그분은 자신의 감정과 싸우셨습니다. 하나님의 뜻과 씨름하셨고, 결국 하나님의 뜻을 선택하셨습니다. 그리고 그 싸움의 결과로 우리가 복음이라고 부르는 것이 나왔습니다.

예배의 실제성

하나님을 예배할 때 우리는 그분의 복이 우리 삶을 어떻게 빚어 가는지 발견합니다. 이웃의 삶에 복을 비는 법과 그들에게서 복을 받는 법도 알게 됩니다.

예배할 때 하나님은 우리에게 좀 더 실제적인 분이 됩니다. 참으로 신비로운 것은, 우리 이웃들도 그렇게 다가온다는 것입니다.

존재가 조명받다

시편은 하나님이 삶의 중심축이 되시고 다른 모든 것은 주변적이 되는 상황에 접하게 해줍니다. 우리 삶의 다른 모든 사람, 사건, 상황은 제3자가 됩니다. 우리의 존재 **전체**가 하나님과의 직접적인 관계 안에서 갑자기 조명을 받습니다.

시편 기자는 어떤 어려움을 겪고 어떤 복을 받아도, 이 중심축에서 시선을 떼지 않습니다. 규모, 영향력, 중요성, 권력이라는 귀신들에 휘둘려 길을 잃지 않습니다. 그는 가나안과 앗수르의 천박한 만신전에 등을 돌리고 하나님과의 밀도 있는 인격적 관계에 집중합니다. 그리고 그것은 하나님 앞에서 느끼는 경이와 친밀함으로 이어집니다.

이런 이유로, 기도하기 원하는 사람들은 시편을 하나님이 주신 최고의 선물로 여깁니다. 시편에 힘입어 우리는 제대로 볼 수 있습니다.

예배에서의 정직함

⁊

예배에서의 정직함은 하나님 앞에 함께 있는 다른 그리스도인들을 계속 접함으로써 유지됩니다. 우리는 정기적인 공동체 모임에서 떨어져 나와 성공적인 신앙생활을 하는 그리스도인의 사례를 알지 못합니다. 내키면 붙이고 내키지 않으면 떼버리는 장식처럼 예배가 선택사항이라는 증거는 없습니다.

공예배는 우리와 하나님의 관계가 감정(감정은 악명 높은 사기꾼이지요)에 의존하지 않게 막아 주고, 사적이고 변덕스럽고 독선적 취미로 전락하지 않게 해줍니다. 공예배는 모든 하나님의 백성과 함께 누리는 온전한 계시와 이어져 있게 해줍니다. 그렇게 우리는 진리 안에서 예배합니다.

말씀과 성례

❧

(어느 목사임직 감사예배에서 유진 피터슨이 전한 설교의 일부)

목사가 말씀과 성례의 사역자로 교회의 임직을 받는 이유는, 예수 그리스도가 주와 구주이시라고 감히 믿게 된 우리가 이 믿음을 날카롭고 정확하고 온전하게 유지하기 위해서는 도움이 필요하기 때문입니다.

우리는 자신을 믿지 않습니다. 우리 감정은 믿음을 저버리도록 유혹합니다. 우리는 어렵고 위험한 신앙의 길에 나섰다는 것과 강한 영향력들이 그 길을 흐리게 만들고 파괴하려고 혈안이 되어 있다는 것을 압니다. 우리는 당신에게 도움을 받고 싶습니다. 이 세상 삶의 한복판에서 말씀과 성례의 사역자인 목사가 되어 주십시오. 우리 삶의 온갖 다양한 부분과 단계에서 말씀과 성례의 사역자가 되어 주십시오. 우리가 일할 때도 놀 때도, 우리 자녀들에게도 부모님들에게도, 누군가 태어날 때도 죽을 때도, 축하할 일에도 슬픈 일에도, 햇살이 쏟아지며 하루가 시작되는 날에도 종일 보슬비가 내리는 날에도, 말씀과 성례의 사역자가 되어 주십시오. 이것이 믿음의 삶에서 필요한 유일한 과업은 아니지만, **목사**의 과업인 것은 분명합니다. 중요하고 본질적인 다른 과업을 감당할 사람은 우리가 찾겠습니다. 당신의 과업은 말씀과 성례입니다.

우리는 이 사역을 맡기며 당신에게 안수할 것입니다. 이 과업을 고수하겠다고 서약해 주기를 바랍니다. 이것은 일시적인 업무가 아니라 우리 공동체 안에서 실행되어야 할 삶의 방식입니다. 우리는 당신이 우리와 똑같이 위험한 세계에서 어려운 믿음의 모험에 나섰다는 것을 압니다. 당신의 감정이 우리의 감정만큼이나 변덕스럽다는 것과 우리의 마음이 우리를 속이는 것만큼이나 당신의 마음이 당신을 속일 수 있다는 것을 압니다. 그래서 우리는 당신에게 안수하여 목사로 세우고 서약을 받으려는 것입니다. 우리는 압니다. 며칠이고 몇 달이고 심지어 몇 년 동안이나, 우리가 불신자처럼 아무것도 느끼지 못하고 당신이 전하는 말씀을 듣지 않으려고 할 때가 있을 것입니다. 우리는 압니다. 당신이 며칠이고 몇 주고 심지어 몇 년 동안이나, 말씀을 전하고 싶지 않을 때가 있을 것입니다. 그러나 그것은 중요한 문제가 아닙니다. 말씀을 전하고 성례를 집전하십시오. 당신은 그 일을 위해 안수를 받습니다. 그 일은 선택사항이 아닙니다. 당신은 그렇게 하겠다고 서약할 것입니다.

우리가 위원회나 대표단으로 당신을 찾아가서 지금 우리가 당신에게 말하는 것과 다른 내용을 전하라고 요구할 때가 있을지도 모릅니다. 그때 우리의 요구에 굴복하지 않겠다고 지금 서약해 주십시오. 당신은 변화무쌍한 우리의 욕망을 위한 사역자가 아니고, 시대정신이 말하는 우리의 필요를 위한 사역자가 아니며, 더 나은 것에 대한 세속화된 희망의 사역자도 아닙니다.

이상의 임직 서약으로 우리는 당신을 말씀과 성례의 돛대에 굳게 붙들어 맵니다. 당신이 사이렌의 목소리들에 반응할 수 없도록 말입니다.[14] 이 망가진 세상에는 우리가 해야 할 다른 일들이 많고, 그중 일부는 우리가 감당할 것입니다. 그러나 우리가 일하면서 붙들어야 할 기본 조항들과 우리가 만나는 근본적 실재인 하나님, 하나님 나라, 복음을 알지 못하면, 결국 헛된 공상의 삶을 살게 될 것입니다. 당신의 임무는 기본이 되는 이야기를 계속 말하고, 성령의 임재를 계속 대변하고, 하나님이 최우선임을 주장하고, 성경에 담긴 명령과 약속과 초청의 말을 계속 전하는 것입니다.

관객과 예배의 죽음

&

관객은 예배를 죽입니다. 기분전환을 하거나 즐거운 시간을 보내려고 교회에 오는 사람은 예배하지 않습니다. 예배는 **마음을 다한** 반응입니다.

성경의 언어에서 마음은 인격의 중심입니다. 가장 특별하게 **우리다운** 것이 거기서 나옵니다. '마음을 다해'는 요란하게나 눈에 띄게가 아니라 제대로, 내적으로, **인격적으로**라는 뜻입니다.

어디선가—쇠렌 키르케고르의 글이었던 것 같습니다—예배에 참여하는 많은 사람들이 자신을 공연의 관람자라고 잘못 생각하고 있다는 내용을 읽은 적이 있습니다. 누가 쓴 글이든 간에 옳은 말입니다. 그들은 느긋하게 앉아 목사와 성가대가 종교적인 느낌을 안겨 주기를 기대합니다. 그다음 입장료를 낸 관객이 흔히 그렇게 하듯, 비판하거나 박수갈채를 보내거나 잠을 잡니다. 그러나 예배는 그런 자리가 아닙니다.

예배할 때 우리는 영원이라는 무대 위에 서게 됩니다. 관객은 하나님이십니다. 모든 예배자는 하나님 앞에 있고, 고요 가운데 우리에게 말씀하시는 하나님께 마음으로 말씀드립니다.

믿음의 습관

ᘓ

누군가가 이런 말을 했습니다. "목욕만큼 일시적인 것은 없다." 몸이 깨끗하려면 거듭해서 자주 살펴야 합니다. 믿음의 활력도 마찬가지입니다. 살펴지 않고 내버려 두면 손은 더러워지고, 표지판은 흐려지고, 우리 믿음은 광채를 잃습니다.

신앙공동체의 한 가지 주요 임무는 기독교가 따분한 습관이 되지 않게 하는 일입니다. 매주 드리는 예배는 하나님께 새롭게 나아가는 시간이 되고, 그분 말씀에 새롭게 기꺼이 경청하는 자세를 촉구하고, 믿음과 순종으로 대담하고 전례 없는 모험에 나서도록 우리 각 사람을 초청합니다. 기독교 신앙은 예측 가능한 일을 반복하는 것이 아니라 우리 주 성령께 열정적으로 반응하는 것입니다. 그분은 새로운 사랑의 실천에 필요한 은사, 용서하겠다는 창조적 결정, 마음을 흔드는 소망의 혁신을 주십니다.

여기에 진실이 있습니다. 지난달 받은 성찬의 잔여분이나 작년에 예금한 믿음의 이자로 살 수 없다는 것입니다. 우리는 매번 진실로 예배하며 주님께서 우리 삶이라는 재료를 받으시고 그것을 새로운 제자도로 바꿔 주시기를 간구합니다. 예배는 우리의 믿음이 자기의自己로 화석화되지 않고, 우리의 찬양이 오랫동안 사용하지 않아 관절염이 생기지 않게 막아 주는 기대의 행위입니다.

내어줌의 좋은 소식

☙

롱아일랜드의 어느 네덜란드 개혁교회에서 설교하면서 교회에서 돈이 중요함을 배웠습니다. 당시 저는 낯선 환경에 처한 신학생이었던 터라 긴장한 상태로 예배를 인도하고 설교를 했습니다. 제가 설교하는 동안, 예배당 뒤쪽에서 남자 여섯이 팔짱을 끼고 선 채 저를 노려보았습니다. 설교가 길어질수록 그들은 더욱 얼굴을 찌푸렸습니다. 이 성난 네덜란드 사람들이 제 설교를 왜 그리 못마땅해하는지 알 수가 없었습니다.

　축도를 마치고 출입구 쪽으로 갔습니다. 여섯 남자 중 리더가 퉁명스럽게 저를 나무랐습니다. "헌금 걷는 시간을 빠뜨렸습니다." 그 이후 저는 한 번도 헌금시간을 잊지 않았습니다. 교훈을 배운 것이지요. 교회에서 돈은 엄청나게 중요합니다. 그러나 그 네덜란드인들도 배워야 할 점이 있었습니다. 헌금은 믿을 수 없을 만큼 즐거운 행위라는 것입니다. 교회 안에는 돈과 관대한 정신이 한데 섞여 있습니다.

　돈의 중요성과 바치는 기쁨을 사도 바울만큼 철저하게 연결한 사람은 없습니다. "각각 그 마음에 정한 대로 할 것이요 인색함으로나 억지로 하지 말지니 하나님은 즐겨 내는 자를 사랑하시느니라"고후 9:7. 아주 일찍부터 저는 교회에서 절대로 모금자가 되지 않겠다고 결심했습니다. 기금모금은 목회사역이 아닙니다. 은혜의 복음의 정신에 위배됩니다. 그러나 저는 목회를 시작하면서 내어줌이라는 좋은 소식을 선포하는 것이 중요하다는 것도 깨달았습니다. 왜일까요? 우리 그리스도인들은 복음이 가진 풍부한 물질성을 넉넉히 누려야 마땅하기 때문입니다.

예수 그리스도의 복음은 이제껏 세상에 등장한 종교 중에 가장 물질주의적입니다. 기독교는 물질적인 것, 육체와 사물에 푹 잠겨 있습니다. 우리는 하나님의 방식으로 물질성을 기뻐해야 합니다. 그것은 하나님이 물질을 다루시는 방식으로 물질을 다룬다는 뜻입니다. 인색하게 움켜쥐는 대신 너그럽게 내어주는 것을 말합니다.

내어줌은 우주의 양식

∽

어느 정도가 너그럽게 바치는 것일까요? 규칙은 없지만 길잡이는 있습니다. 성경의 길잡이는 십일조입니다. 총수입의 10퍼센트입니다. 여기서 중요한 것은 바치는 액수가 아닙니다. 이런 원칙에 따른 헌금은 우리에게 관대함을 훈련하고 그로 인해 모든 물질성을 누리도록 훈련시킵니다. 주의 깊게 계획하면 누구나 (부유하든 가난하든) 2-3년 안에 십일조를 드릴 수 있습니다. 어떤 사람들은 훨씬 많이 드릴 수도 있습니다.

너그러움은 우리의 탐욕과 충동적 방종을 다루는 것을 의미합니다. 그리고 우선순위와 가치의 재조정을 뜻합니다. 사람들이 대부분 관대하지 못한 것은 돈 문제 때문이 아니라 욕심, 탐욕, 가치의 문제 때문입니다. 십일조는 우리의 돈을 너그럽게 드리는 법을 배우는 지혜로운 길잡이입니다.

내어줌은 우주의 양식style 입니다. 내어줌은 존재의 구조 안에 짜여 있습니다. 주지 않고 받으면서 살려고 하는 것은 우주의 흐름을 거스르는 일입니다. 그것은 중력법칙을 거스르는 것과 같습니다. 그 결과는 타박상과 골절입니다. 많은 사람들이 돈을 꽉 붙든 채 끔찍한 탐욕에 갇혀 비참하게 살아갑니다. 그러나 너그러운 사람이 입술을 꽉 다물고 불안에 시달리는 걸 본 적이 있습니까?

모든 삶은 주어진 것입니다. 삶이 그 본질에 충실하려면 주는 행위가 계속 일어나야 합니다. 하나님이 세상을 이처럼 사랑하사 **주셨습니다**요 3:16. 주는 것은 세상의 존재방식입니다. 하나님은 존재하는 모든 것을 거저 주십니다. 우리가 자신의 돈을 내어줄 때, 하나님이 능숙하게 하시는 일을 서툴고 어색하게나마 시작하게 됩니다.

보텀라인에 대하여

❧

사람이 만일 온 천하를 얻고도 제 목숨을 잃으면 무엇이 유익하리요?
사람이 무엇을 주고 제 목숨과 바꾸겠느냐?

— 마태복음 16:26

보텀라인*이라는 표현이 다양한 상황에서 자주 등장합니다.
원래 기업 회계에서 나온 단어입니다. 하루의 판매량을 파악하고 그
날에 필요한 곱셈 덧셈 뺄셈 계산을 하고 수수료와 재고 정리까지
끝나면, 보텀라인이 단순한 사실, 즉 이익인지 손실인지 보여줍니
다. 오늘 나는 돈을 벌었나 잃었나? 이 사업이 적자인가 흑자인가?

영업일에는 예의상의 언행, 즐거운 일, 해야 할 일 등 많은
일이 있습니다만, 보텀라인에 수익이 표시되지 않으면 그날은 사
업으로서는 **실패**한 것입니다. 예수님은 우리 모두에게 친숙한 이
회계사의 언어를 가지고 우리 삶을 평가해 보도록 훈련하십니다.
사업체 운영과 우리의 인생 사이에는 유사성이 있습니다. 운영을
잘했는지 못했는지 보텀라인이 보여준다는 것이지요.

분명한 차이점도 있습니다. 사업에서의 보텀라인은 얼마나
벌었는지를 보여주지만, 인생에서의 보텀라인은 얼마나 많이 거
저 주었는지를 보여줍니다.

---

* bottom line: 결산표의 마지막 행, 최종 결과, 가장 중요한 사실.

예배처소, 증언의 장소

crs

예배가 내키면 하는 행위라는 생각은 심각한 오해입니다. 예배는 내키면 하는 행위가 아니라 의무사항입니다. 물론 예배를 강요할 수는 없습니다. 일부 교회들은 교회 출석을 강요하면서 교회에 가지 않으면 지옥에 떨어진다고 위협하거나 교회에 나가면 복을 받는다고 꼬드겼습니다. 그러나 강요는 하나님의 속성이 아닙니다.

우리는 교회 출석을 이끌어 내려는 일체의 입법이나 조작의 시도에 반대합니다. 하지만 일요일 아침에 교회 나가기 귀찮아하는 사람들이나 예배보다 더 중요한 일이 있다고 생각하는 사람들에게 성령께서 찾아가셔서 예배처소로 나가도록 강요하지 않으신다고 해서, 이것이 우리 내키는 대로 해도 될 문제라고 생각해서는 안 됩니다. 왜 그럴까요? 예배처소는 증언의 자리이기 때문입니다. 하나님이 우리에게 말씀하시고 우리는 귀를 기울일 준비가 되었다는 증언, 하나님이 사람들을 변화시키시고 우리는 그분의 행하심으로 변화된다는 증언, 하나님이 자신을 우리에게 주셔서 우리가 살고 그분의 선물을 기꺼이 받을 수 있다는 증언이 이루어지는 자리입니다.

하나님이 이 자리에서 말씀하시고 구원하시고 자신을 주신다는 사실을 모르는 이들이 많습니다. 그들은 하나님이 멀리 계신다고 생각합니다. 하나님이 침묵하신다고 생각합니다. 하나님을 위기의 시간에나 떠올리는 분이라고 생각합니다. 그들은 하나님이 바로 지금 말씀하시고 삶을 변화시키시고 풍성한 삶을 쏟아붓고 계심을 알지 못합니다. 그러나 그들은 알아야 합니다. 여러분의 증언이 필요합니다.

여러분이 예배의 집으로 들어서고 자리를 잡을 때, 찬양하고 기도하고 경청하고 하나님의 선물을 받을 때, 여러분은 하나님이 행하시는 세상에서 가장 위대한 행위의 증인이 됩니다. 이 증언에서 여러분은 대체불가의 존재입니다. 여러분과 똑같은 시각을 가진 사람은 없습니다. 누구도 여러분과 똑같은 방식으로 하나님의 행하심을 보고 말하고 구현하지 않습니다. 200명의 사람이 예배하는 자리에 여러분 한 사람이 없다면, 그 200명은 여러분의 증언을 대체할 수 없습니다. 여러분은 특별하기 때문입니다. 여러분의 증언이 필요합니다.

저는 교회들이 복음전도의 기쁨과 복음전도의 정신으로 흠뻑 젖어 하나님이 얼마나 선하신지, 남녀노소 각 사람과 얼마나 가까이 계신지 세상에 알려 주기를 바랍니다. 복음전도의 정신을 표현하는 방식은 많지만, 그 모두의 시작은 예배에 참여하는 것입니다. 예배의 자리에 있지 않으면 우리가 함께하는 일에서 멀어집니다. 순종하는 성경적 신앙의 사람으로서의 신뢰성도 줄어듭니다.

저도 압니다. 교회 문을 열고 들어와 몇 사람에게 인사하고 신도석에 앉아 찬양하고 기도할 때, 자신이 그 자리에 꼭 필요한 사람이라는 느낌까지는 들지 않는다는 것을요. 하지만 당신이 꼭 필요합니다. 당신의 증언이 필요합니다.

우리의 증언이 필요합니다

❧

그리스도께서 이곳에 계십니다. 이 부분에 대해서는 의문의 여지가 별로 없습니다. 온 세상이 그분의 오심을 인정했고(그렇지는 않겠지만 그런 느낌입니다), 그분을 믿지 않는 사람들조차도 일년에 한번 성탄절에는 그분을 빙자해 돈 버는 것을 기쁘게 여깁니다.

그러나 인정하는 것 이상이 필요합니다. 우리의 증언이 필요합니다. 예수님 안에서 하나님이 우리에게 오신 이 사건이 모든 역사의 중심이라는 것을 마음 깊은 곳에서 새롭게 깨달아야 합니다. 이것이 우리 각자의 삶이 갖는 영원한 의미의 핵심입니다. 그러나 다시 전화가 울리기 시작합니다. 직장의 응급상황들이 우리의 관심을 요구합니다. 각종 시급한 문제들이 사방에서 우리를 재촉합니다.

하지만 그리스도는 가끔 떠올리는 것으로 충분한 행복한 생각이 아닙니다! 그분의 존재는 연하장을 주고받거나 일시적으로 수입을 올릴 계기 정도가 아닙니다. 우리 일상생활의 피와 뼈를 이루는 현실입니다.

우리는 이것을 증언해야 합니다. 너무나 많은 사람들이 이 사실을 모릅니다. 그들은 이와 **관련된** 내용은 알지만 이것은 모릅니다. **안**다고 할 수 없습니다. **정보**를 갖고 있지만 그 영광스러운 **경험**을 직접 해보지는 못했습니다. 우리는 주위 사람들의 요구를 해결하는 데 급급한 나머지 다른 일에 정신이 팔려 있습니다.

그러나 믿음이라는 위대한 선물을 받고 비할 바 없는 예배에 자유롭게 참여하게 된 우리는 증언을 할 의무가 있습니다. 태양에서 세 번째에 있는 이 행성에서 벌어지는 일을 말로, 행위로 표현할 의무가 있습니다.

안식일에 대하여

ઌ

시간은 거룩합니다. 그러나 여러분은 그렇게 말하는 것을 들어 본 적이 있습니까? 그보다는 이런 말을 들을 것입니다. "시간은 돈이다." 그리고 여러분은 대체로 돈처럼 시간도 **결코** 충분하지 않다고 느낄 것입니다. 가끔 아무 일정도 잡히지 않은 시간이 나면 여러분은 '시간을 죽일' 것입니다.

이상하지 않습니까? 나라 전체로 볼 때 우리는 한두 세기 전의 누구도 생각하지 못했을 만큼 연간 일인당 여유시간이 많습니다. 그러나 우리는 여유가 없습니다. 긴장을 풀지 못합니다. 불안합니다. 분주합니다. 염려와 분주함은 친밀함을 훼손하고, 우리 대부분에게 최선의 모습을 보여줄 기회가 되는 믿음과 소망과 사랑의 실천 의지를 방해합니다.

안식일은 멈춤에 해당하는 히브리어 단어에서 나왔습니다. 그것은 날이라는 거리에 세워진 일단 멈춤 표지판입니다. '하고 있는 일을 일단 멈추고 주위를 둘러보라. 무슨 일이 벌어지는지 보라. 그리고 귀를 기울이라.'

안식일은 시간이 훼손되지 않도록 보호하는 성경적 도구입니다. 기도와 놀이를 위해 매주 하루를 정기적으로 떼놓는 것입니다. 기도와 놀이라는 두 활동은 대가가 주어지지 않지만 복된 삶을 위해 필요합니다. 복된 삶은 성경이 우리에게 약속하는 것입니다. 복된 삶은 그저 생존하는 삶이 아니라 풍부한 삶입니다. 기도와 놀이는 풍성함을 이루는 씨실과 날실입니다.

그래서 저는 여러분이 안식일을 지켰으면 합니다. 여러분이 잘 살았으면 합니다. 여러분이 감사와 즐거움이 넘치는 온전하고 성숙한 삶을 살기 원합니다. 여러분의 몸과 일, 친구들과 정원, 지성과 감성, 대양과 산에서 높디높고 깊디깊은 하나님의 영광을 다 경험하기를 원합니다. 바쁘면 그렇게 할 수 없습니다. 시계를 쳐다보고 살면 그렇게 할 수 없습니다.

우리가 쉴 때 어떤 일이 일어납니까? 대체로 **하나님**이 일하십니다. 하나님이 창조하시고, 하나님이 구원하시고, 하나님이 공급하시고, 하나님이 복 주시고, 하나님이 말씀하십니다. 하나님은 창조사역의 동역자로 우리를 초대하시는 큰 영광을 베푸십니다. 우리는 그분의 창조하심, 구원하심, 공급하심, 복 내리심, 말씀하심에 참여합니다. 이것은 좋은 일입니다. 그 일을 잘하면 우리는 크게 생기가 돕니다. 그 일을 잘 못해 내면 지루해집니다. 일의 세계, 강력한 에너지의 장은 우리에게 아주 많은 것을 요구합니다.

그러나 일 한복판에서는 우리 일의 기원과 목적, 우리 일의 공간과 리듬을 놓치기 쉽습니다. 일의 창의성을 느끼기보다 강박적이 됩니다. 일이 주는 자유와 존엄 대신 갇혀 있고 초라하다는 느낌을 받습니다. 그래서 일하는 한 주가 끝날 때마다 하나님은 안식일을 명하십니다. **멈추**라고 하십니다.

그래서 우리는 멈춥니다. 우리의 일, 우리의 삶이 자유와 여유 있는 좋음과 신성과 이어집니다. 노동에는 기본적으로 하나님을 닮은 요소가 있기에 일을 할 때 우리는 자신이 신과 같은 존재라고 생각하기 쉽습니다. 일을 성사시키고, 책임지고, 삶과 물자를 관리하는 우주의 필수적 존재라고 말입니다. 그러나 우리의 노동이 하나님을 닮았다 해도, 우리는 신이 아닙니다. 우리는 겉만 그럴싸한 지역의 신으로 행사하는 것보다 더 고귀한 삶의 소명을 받았습니다. 우리는 온전한 자유를 탐구하고 사랑의 관계를 경험하는 인간으로 부름 받았습니다. 이 소명에 충실하려면 하나님이 하시는 일과 관련해서 자신을 볼 수 있을 만큼 충분히 오랫동안 일을 멈추어야 합니다. 하나님이 하시는 일을 오랫동안 주목해서 볼 수 있도록 우리의 일을 멈추어야 합니다. 하나님이 하시는 말씀을 받아들일 수 있도록 우리의 말을 멈추어야 합니다. 안식일입니다.

안식일에 따라오는 기대를 품고 우리는 우리의 소망으로 다른 사람들에게 '생기를 불어넣고자' 힘씁니다. 낙심한 친구를 돌아보거나, 낙담한 이웃을 찾으십시오. 여러분의 손과 말로 그들을 목적과 소망이 있는 삶으로 초대하십시오. 우리 몫을 놓칠까 봐 두려워하며 남을 밀치고 움켜쥐면서 겁에 질린 채 이기적으로 사시겠습니까? 아니면, 열린 자세로 너그럽게 살면서 다른 사람들이 하나님의 선물을 받아들이고 그분의 사랑을 환영하도록 도우시겠습니까? 하나님의 기대에 찬 명령은 **격려하라**입니다.

교회는 하나님이 우리에게 오심을 끊임없이 명료하게 설명하고 기념해야 합니다. 우리의 삶과 예배는 사람들의 기대의 불길에 부채질을 해야 합니다.

안식일을 지키는 법

❧

안식일을 지키기는 쉽습니다. 기도하고 놀면 됩니다. 우리가 어릴 때 썩 잘하던 일들이고 약간의 격려만 있으면 언제라도 다시 시작할 수 있습니다.

기도하기는 하늘과 관련된 중대한 자유의 행위입니다. 심신을 사용하여 이루어지는 흠모와 헌신의 행위, 간구와 찬양의 실천, 용서함과 내어줌의 모험입니다. 예배로 모일 때 우리는 그리스도의 십자가 처형과 부활을 통해 우리가 얻게 된 자유의 근원을 탐구하고 누리고 나눕니다.

그다음엔 놀기가 있습니다. 이것은 땅과 관련된 중대한 자유의 행위입니다. 우리는 심신을 사용해 운동경기와 산책, 오락과 독서, 여행과 소풍, 빈둥거리기와 글쓰기를 합니다. 색상과 모양, 소리와 냄새를 받아들입니다. 창조세계가 드러내는 창조성에 자극을 받아 창조성을 발휘하게 됩니다. 우리의 업무목록에 없는 식사를 준비하고 대화를 나누고 고마워하고 함께 웃으면서 스스로 놀랍니다. 우리는 즐거운 시간을 갖습니다.

그런데 안식일 준수가 이렇게 쉽다면, 우리는 왜 그것을 그렇게 어려워할까요? 세상이 기를 쓰고 우리의 안식일을 훔치려고 하기 때문입니다. 세상은 안식일을 희석시키고 산산조각 내고 제거하려 합니다. 여기서 '세상'은 우리의 친구일 때도 있고 가족일 때도 있고 고용주일 때도 있습니다. 그들은 너무나 자연스럽게 우리가 그들을 위해 일하기를 바랍니다. 우리가 하나님과 함께하는 데 시간을 많이 쓰거나 원래의 자아에 충실하기를 그들은 원하지 않습니다. 세상이 우리의 안식일을 제거할 때 우리를 독차지하게 됩니다. 그러나 세상이 우리를 차지하고 나면 우리는 그리 매력적이지 못한 존재가 됩니다. 몇 년만 안식일을 어기면, 우리는 값비싼 쓰레기의 수동적 소비자이자 쓰레기 같은 쾌락을 안달하며 허겁지겁 쫓아가는 사람이 됩니다.

하나님을 잃으면 거의 동시에 우리의 존엄함도 잃게 됩니다. 그렇기 때문에 저는 여러분이 안식일을 지켰으면 합니다. 그날을 보호하십시오. 기도하고 놀 수 있는 여유시간을 지키십시오. 이전 세대 그리스도인들과 달리, 우리는 안식일을 지키는 데 사회의 도움을 받지 못합니다. 그러나 사회를 탓하는 것은 변명이 되지 않습니다. 우리는 매 주일마다 예수님의 이름으로 함께 기도함으로써 서로를 도울 수 있습니다. 예수님은 우리에게 그리스도께 영광을 돌리며 기도하고 노는 법을 가르치셨습니다.

잘 산다는 것

기도하기와 놀기

&

기도하기와 놀기는 기독교적 상상력 안에서 자주 연결됩니다. 놀기와 몸의 관계는 기도하기와 영혼의 관계와 같습니다. 순서를 바꾸어서 말할 수도 있습니다. 기도하기와 영혼의 관계는 놀기와 몸의 관계와 같지요.

기도하기와 놀기 둘 다 일종의 유쾌한 놀이요 넘쳐흐름, 즐거운 첨벙거림입니다. 둘 다 우리가 최고의 모습을 드러내게 합니다. 정신없이 잡무를 진행하고 맡은 일을 수행하느라 잘 보지 못했거나 무시했던 삶의 여러 차원을 자발적이고 진지하게 탐구하는 모습 말입니다. 또 다른 공통점은 어린이는 기도하기와 놀기를 자연스럽게 하는 반면 어른은 따로 시간을 내거나 특별한 노력을 기울여야 한다는 것입니다. 그러나 실제로 해보면 알게 됩니다. 우리는 기도하고 놀 때에 자신에게 더 충실해지고, 하나님의 형상에 더 합당하게 살게 되고, 가족·친구·자아·세상과 더욱 온전히 이어진다는 사실을 말입니다.

중심이자 둘레이신 하나님

❧

하나님의 백성과 함께 예배하기로 선택할 때, 우리는 하나님이 우리 삶의 중심이자 둘레이심을 인정하는 것입니다.

예배는 우리 내면의 기초를 쌓고, 우리가 주중의 모든 시간과 날들 가운데 꾸려 가는 영원한 관계들을 성숙하게 합니다.

찬양하고 기도하고 헌금하고 귀를 기울일 때, 우리는 프랑스 철학자 자크 마리탱이 말한 바 현대세계에 가장 필요한 일에 참여하고 있는 것입니다.

새로운 불, 본질적인 갱생……내면의 갱생.……이것은 태도의 변화 또는 영혼의 가장 깊은 곳에서 일어나는 가치의 변화로 이루어지고, 무엇보다 그리고 본질적으로, 행함의 방식이나 외적인 행동이 아니라……하나님 앞에서 사람들을 보는 방식, 그들을 더 잘 사랑하는 방식과 관련이 있다.[15]

조종이 아니라 초청

ひつ

예배의 정신, 우리 반응의 인격적 진실함은 언제나 예배를 명령이 아니라 초청으로 선언함으로써 보존됩니다. 교회는 사람들을 정기적으로 거듭해서 예배로 부릅니다. 예배가 그리스도인의 존재 가운데 절대적으로 필요하고 근본적 행위 중 하나임을 알기 때문입니다. 그러나 교회는 인격적 관계를 강요할 수 없고 예배가 아무리 필수적이어도 참여를 강제할 수 없다는 것 또한 압니다. 그래서 여러분은 예배로 나오라고 부름 받을 뿐 명령을 받지는 않습니다.

예배에 참석했다고 해도 예배를 위해 이곳에 있는 것이 아니라면 아무 가치가 없습니다. 예배의 구성요소들도 그 자체로는 아무 가치가 없습니다. 세상에서 가장 잘 구성된 예배, 가장 능숙하게 선포된 설교, 가장 아름다운 찬양, 그 어느 것도 전능하신 하나님의 관심을 전혀 불러일으키지 못합니다. 하나님은 영이십니다. 인격적으로 살아 계시고, 살아 있는 우리와 관계하시는 모습으로 드러나십니다.

그래서 우리는 사람들을 예배당에 억지로 밀어 넣지 않습니다. 강요하지 않습니다. 정서적 압박을 가하는 방식으로 조종하지 않습니다. 유인책을 제시하지 않습니다. 교회에 나가면 삶에 뭔가 활력이 더해질 거라고 약속하거나 무가치한 목표에 대한 기대치를 높이지 않습니다. 사람들의 죄책감을 이용하지 않습니다. 지인들의 기대를 저버리거나 목사를 실망시키면 안 된다는 의무감에 호소하지 않습니다.

우리는 다만 초청할 뿐입니다. 참을성 있게 꾸준히 초청합니다. 교회가 지난 2천 년 동안 사람들을 초청했던 것처럼 말입니다. 그들을 불러 모아 하나님이 우리를 사랑하시고, 용서하시고, 우리를 위한 구원의 길을 내셨다는 메시지를 다시 들려주기 위해서입니다. 찬양과 헌신으로 반응하는 믿음을 격려하기 위해서입니다.

잘 산다는 것

4부
자비에 관하여

하나님의 신실한 사랑은 다함이 없고,
그분의 자애로운 사랑은 마르는 법이 없다.
그 사랑은 아침마다 다시 새롭게 창조된다.
주의 신실하심이 어찌 그리도 크신지!
(거듭 말하노니) 나, 하나님을 붙들리라.
그분은 내가 가진 전부이시다.

예레미야애가 3:22-24, 메시지

On Living Well

수면 아래

◈

문들아, 너희 머리를 들지어다!
영원한 문들아, 들릴지어다!
영광의 왕이 들어가시리로다.

― 시편 24:7

우리의 삶은 수면에 머물 때가 아주 많습니다. 우리 모두가 그렇습니다.

사회는 우리가 특정한 일에만 계속 관심을 갖게 하고자 마귀와 공모하여 할 수 있는 모든 일을 합니다. 거울에 비친 모습이 괜찮은지 신경 쓰는 것, 무사히 도로를 건너는 것, 식탁에 올릴 음식과 차에 넣을 기름이 떨어지지 않게 하는 것 같은 일에만 몰두하게 하려고 말입니다.

주변에서 반대의 웅얼거림이 없는 것은 아니지만, 가장 큰 목소리들은 이렇게 말합니다. "소비하라! 서둘러라! 구매하라! 생각하지 마라! 조용히 있지 마라! 무엇보다, (응급상황일 때 빼고는) 기도하지 마라!" 우리는 문화의 흐름을 거슬러 헤엄쳐 갈 힘을 길러야 합니다. 사순절을 비롯해 매년 있는 기도와 금식의 시기를 충실히 보내면 주류 사회의 메시지들에 반대 목소리를 내는 좋은 웅얼거림이 더 크게 들려옵니다.

귀를 기울일 때, 우리는 예수님께 주목하고 깊은 물로 뛰어들어 수면 아래의 실재를 새롭게 살피게 됩니다. 우리 안에 형성되는 하나님의 형상, 우리 안에서 이루어지는 그리스도의 구원이라는 놀랍도록 복잡한 실재를 말입니다. 그리고 상반되는 반문화적인 말들이 이제 입체 음향으로 들려옵니다. "자신을 부인하라! 속도를 늦추라! 살아가라! 생각하라! 그리고 무엇보다, 기도하라!"

기도는 경험의 핵심으로 들어가는 최고의 방법입니다. 기도는 우리가 그리스도를 인정하고 하나님 나라를 건설할 일원이 되면서 동참하게 된 이 위대한 구원역사에서 주님이 우리를 쓰실 수 있음을 깨닫는 최고의 방법이기도 합니다.

우리는 머리를 들어 왕을 만나 뵙니다.

근본적 올바름

~

세상에는 왜 그토록 많은 기쁨이 있을까요? 사람들은 왜 웃을까요? 미소는 왜 지을까요? 온갖 축하를 어떻게 설명해야 할까요? 신문을 읽으면, 대부분의 시간에 대부분의 일들이 잘못되고 있음을 알게 될 뿐입니다. 우리 자신의 마음을 살피면, 가장 좋은 나날에도 불안, 죄책감, 의심이 침투하는 것을 발견합니다. 하지만 기쁨은 계속 우리 안팎에서 터져 나옵니다. 신문이 전모를 들려주지 않는 것인지도 모릅니다. 삶에서는 뭔가 올바른 일이 진행 중인지도 모릅니다. 뭔가 근본적으로 선하고 긍정적인 일이 일어났고 지금도 일어나고 있는지 모릅니다. 미소와 웃음과 축하가 그 증거일 것입니다.

하나님은 우리 삶에서 일하고 계십니다. 하나님의 뜻은 역사뿐 아니라 우리 마음속에서도 이루어지고 있고, 그 뜻은 구원입니다. 이것이 우리 존재의 중심이 되는 사실이고, 사람들이 웃고 미소 짓고 축하한다는 것이 그 증거입니다. 이 사실을 모르거나 믿지 않는 사람들도 하나님이 그분의 큰일을 행하시는 세상 속에서 살아갑니다. 그들도 종종 이유도 모른 채 미소 짓고 웃고 축하하며 자기도 모르게 세상의 토대가 되는 긍정성, 근본적 올바름을 증언합니다.

행동 속의 목소리

೮

하나님은 우리에게 올바른 해결책을 강요하시지 않습니다. 하나님은 우리가 무슨 일을 하고 어떤 말을 하든지 배후에서 조종하여 그분의 뜻을 관철시키지 않습니다. 하나님은 우리에게 존엄을 허락하시고, 그분이 하시는 일에 참여하고, 그 과정에서 발언권을 가질 자유를 주십니다. 기도는 하나님의 행하심 안에 있는 우리의 목소리입니다. 그것은 사람들의 행위 안에 있는 하나님의 목소리이기도 합니다.

잘 산다는 것

우리에게 오시는 하나님

～

하나님은 오십니다. 그분은 우주의 중심에 있는 물체가 아닙니다. 천문학자가 만든 천체지도의 한 고정점이 아닙니다. 그분은 활동하시고 움직이십니다. 그리고 그 움직임에는 **방향**이 있습니다. 그분은 우리에게 오십니다.

하나님은 정처 없이 다니며 은하계들을 윈도쇼핑하거나 목성의 위성들을 가지고 저글링을 하거나 토성의 고리들에 무심하게 감탄하지 않으십니다. 그분의 목적지는 우리입니다. 그분은 그냥 한번 오셨다가 돌아가신 다음, 나이든 여행자처럼 우리를 방문했던 이야기를 천사들에게 영원토록 들려주고 방문기념 슬라이드를 보이며 천사들을 지루하게 만들지 않으십니다. 그분은 오셨고, 오고 계시며, 다시 오실 것입니다.

우리는 그분이 오시고 다시 오실 때 무엇을 기대해야 하는지 압니다. 하나님이 예수님 안에서 우리에게 오셨을 때 어떤 일이 일어났는지 정확히 알기 때문입니다. 그리고 승천하실 때 예수님은 다시 오겠다고 약속하셨습니다. 그리스도인의 삶은 그분이 오셨고 다시 오실 거라는 이 두 오심 사이에서 이루어집니다.

오시는 하나님을 믿고 섬기는 일, 하나님이 오시는 세상에서 사는 일에는 어떤 의미가 있을까요? 그분의 오심을 기대하는 신자의 과제는 바로 이 질문에 분명하게 대답하고, 그 내용을 축하하고, 우리에게 오시는 하나님께 반응하여 소망을 갖고 충실히 살아가는 것입니다. 우리는 창조세계와 역사 속에서 똑같은 일들이 영원히 단조롭게 되풀이될 거라고 함부로 단정하고 안일한 정신과 흐트러진 마음으로 나태하게 살게 될까요? 아니면 하나님이 계속 우리에게 오신다는 것과 예수님 안에서 다시 오실 것임을 확신하면서 방심 않고 열렬하게 살아갈까요? 우리는 그분의 오심을 기대하면서 기다리고, 도착하신 그분을 환대하고, 인생을 최대한 선용할 수 있을까요?

창조와 변화

♻

창조를 그린 창세기 주간이 있다면, 우리 구원을 묘사하는 복음 주간(성주간)이 있습니다. 창세기의 7일은 우리가 살아가는 외적 환경─빛과 물, 흙과 식물, 물고기와 새, 동물과 인간들의 놀라운 세상─을 보여줍니다. 복음의 날들─종려주일과 부활주일 사이의 7일─은 우리 안으로 들어와 우리 구원을 만들어 가는 사건들의 이야기를 들려줍니다. 창세기의 날들은 우리 삶의 틀을 제공합니다. 복음의 날들은 삶의 의미와 목적을 제공합니다. 두 주간 모두 거룩합니다.

기독교적 삶의 방식의 아름다움은 이 두 주간의 에너지를 통합하는 데 있습니다. 두 에너지가 예수 그리스도 안에서 조화를 이루고 완성됩니다. 그분을 기억하고 예배할 때, 삶은 우리 존재가 따라야 할 기본 양식에 맞게 바뀌고 우리는 중심에서부터 새로워집니다. 예수님 안에서 우리는 창세기에 나오는 원래 자아와 좀 더 비슷해집니다. 그리고 우리 이상의 존재가 됩니다. 우리는 예수님 안에서 복음의 피조물로 만들어집니다.

예수님에게 주목할 때, 우리가 어디에서 와서 어디로 가고 있는지, 우리가 누구이고 어떤 존재가 되고 있는지에 대한 인식이 날카로워집니다.

새 생명과 거룩한 행운

⁊⁊

그리스도께서 이 세상과 우리 삶에 허락하신 새 생명은 한 줄기 신선한 공기입니다. 그 안에는 놀라움이 가득하고 자발성이 넘칩니다.

그래도 우리는 그 생명의 특질을 놓치기가 쉽습니다. 우리에게 익숙한 일처리 방식과 너무 **다르고** 그 방식을 역행하는 것이라서, 우리는 평소의 방식으로 금세 되돌아갑니다. 우리는 복음을 지루한 일상에서 가끔 접하는 간주곡 정도로 여길 뿐, 일의 세계에서 실제적인 의미가 있다고 보지 않습니다.

그러나 하나님이 온갖 수고 끝에 예수님을 우리에게 보내신 것은 기분전환 거리를 주시기 위해서가 아니었습니다. 예수님의 탄생은 나이트클럽 공연이 아니었습니다. 그리스도인의 경험은 고향 친구들에게 들려줄 에피소드와 불가사의한 일들을 잔뜩 안겨 주는 종교적 디즈니랜드 방문이 아닙니다.

우리가 구원받은 것은 믿을 수 없을 정도의 행운이고 또 거룩한 행운입니다. 재앙이나 지루함에서 일시적으로 면제되는 종류의 행운이 아닙니다. 그것은 재앙과 지루함으로 쳐들어가는, 격이 다른 행운, 거룩한 행운입니다. 그래서 예수님은 우리가 구원의 경이에 탄성을 지르고 그분의 영광을 놀라워할 때도, 새 생명이 어떻게 평범한 삶에 자리를 잡는지 주의 깊게 공들여 보여주십니다.

다른 자유

c/3

자본주의 국가이든 공산주의 국가이든 그 중간쯤 되는 어떤 체제의 국가이든, 모든 나라에는 동료 시민들이 내세우는 자유와 다른, 더 나은 자유를 살아 내는 이들이 있습니다. 그들은 스스로를 **그리스도인**이라고 부릅니다.

그들의 자유는 2천 년의 전통이 있습니다. 온갖 정치체제, 온갖 종류의 문화, 다양한 사회·경제적 현실에서 사람들이 이 자유를 누렸습니다. 그들은 자신들의 자유를 '그리스도 안에 있는 자유'라고 부릅니다. 그리스도인들에 따르면, 그 자유의 근원은 예수 그리스도 안에서 시작된 혁명입니다. 그리스도께서 우리에게 하시는 말씀이 우리를 자유롭게 하고, 우리가 바치는 찬양으로 그 자유가 함양되고, 우리가 바치는 기도로 다른 사람들에게도 자유가 가능해집니다.

신실하게 예배하고 하나님의 말씀에 주목하는 우리는 그 자유를 증언할 것입니다. 우리는 자유로울 것입니다. 그러나 그 자유는 세상의 것이 아닙니다. 그것은 **그리스도인**의 자유일 것입니다.

약속

✧

우리 모두 다른 사람을 위해 뭔가 좋은 일을 하겠다는 (다소 모호하다 해도) 선의의 계획을 세운 적이 있습니다. "네 이웃을 사랑하라"마 22:39 라는 명령에 우리 모두 **언젠가는** 순종할 계획을 갖고 있습니다.

많은 이들에게 그것은 감상적인 백일몽에 불과하지만, 어떤 이들에게는 이 모호한 자비심이 현실로 구현됩니다. 자비심이 단순하고 가식 없고 집중적인 사랑의 행위가 되어 실제 사람에게 건강, 소망, 구원을 가져다줍니다. 어떤 식으로든 돕고 싶다는 두루뭉술하고 막연한 바람이 구체적이고 창의적인 긍휼의 행위로 바뀝니다. 세상의 온갖 잘못된 일과 세상에서 이루어져야 할 일들을 늘어놓던 사람이 도움이 필요한 이를 발견하고 나서 자신이 한 줄도 몰랐던 거룩한 약속을 지키게 됩니다.

잘 산다는 것

연결성에 대하여

❧

연결성의 발견은 초대 그리스도인들을 크게 흥분시켰습니다. 하나님과 인간 개인이 연결되어 있다는 것입니다. 이 믿음은 숨겨진 비밀이나 감추어진 교리의 문제가 아니었습니다. 믿음은 삶의 문제였습니다. 믿음은 중요했습니다.

믿음은 원인과 결과, 하늘과 땅, 보이지 않는 것과 보이는 것을 연결하는 경험입니다. 그리고 믿음은 여러 질문을 불러일으킵니다. '우리는 연결되어 있는가, 단절되어 있는가?' '우리가 하나님에 관해 아는 내용과 우리 자신에 대해 아는 내용은 연결되어 있는가?' '우리의 직장 경험과 예배의 경험은 연결되어 있는가?'

주기도문으로 기도하기와 변호사의 자문받기, 주가지수 읽기와 성경 읽기, 교회에서 찬송가 펼치기와 차량 라디오 제어손잡이 돌리기 사이의 연결성을 발견하는 일은 여전히 신납니다.

하나님에 관한 모든 진리는 우리 자신에 관한 진리이기도 하기 때문입니다.

성령강림절과 마른 뼈

ᏭᏋ

세상과 주변 문화 속에 있는 망가진 것들의 규모와 상태는 소름 끼칠 정도입니다. 망가진 몸, 망가진 부부관계, 망가진 경력, 망가진 계획, 망가진 가족, 망가진 동맹, 망가진 우정, 망가진 번영.

우리는 눈을 피합니다. 그것들을 깊이 생각하지 않으려 합니다. 건강과 사랑, 정의와 성공을 기대하며 아침에 눈을 뜹니다. 희망을 지키려 노력합니다. 그러다 모종의 사고가 나서 우리 또는 우리가 아끼는 누군가가 망가져 잔해더미에 앉게 됩니다. 신문은 그 폐허의 사진을 찍고 머리기사로 싣습니다. 우리의 마음과 일기장은 그에 관한 자세한 내용으로 가득합니다. 이 세상에 이런 아수라장에서 벗어나 있는 약속이나 소망이 있습니까? 그런 것 같지 않습니다.

그렇다면 지적이고 깨어 있는 사람이 다 냉소주의자는 아닌 이유가 무엇일까요? 지혜로운 사람은 왜 절망하지 않을까요? 사람들이 계속 최선을 위해 노력하고, 긍휼의 행위에 헌신하고, 세상에 아름다움을 추가하기 위해 희생적으로 자신을 내어주고, 어려움을 감수하며 진리를 증언하는 것은 그들이 그저 어리숙하기 때문일까요?

왜일까요? 성령강림절 때문입니다. 성령께서 우리 사이에 계시고, 우리 안에 계시기 때문입니다. 하나님의 영이 세상의 악과 우리 죄가 초래하는 혼란 위에 계속 운행하시고 새 창조세계와 새로운 피조물들을 빚어내시기 때문입니다. 성령강림절은 하나님이 세계 역사를 보며 재미있어했다가 놀랐다가 하는 구경꾼이 아니라 참여자라는 뜻입니다. 성령강림절은 어느 순간이든, 어떤 사건이든, 보이지 않는 면이 보이는 면보다 더 중요하다는 뜻입니다. 성령강림절은 모든 것, 특히 망가진 것처럼 보이는 모든 것이 하나님이 찬양하는 사람을 만드실 때 사용하는 재료라는 뜻입니다.

에스겔 선지자는 마른 뼈들이 가득한 들판을 보았습니다. 떨어져 나간 마른 뼈들이 작열하는 바벨론의 태양 아래 하얗게 변했습니다. 그 뼈 하나하나는 한때는 웃고 춤추던 아이, 사랑을 나누고 계획을 세우던 어른, 의심을 토로하고 성소에서 찬양을 부르던……그리고 죄를 지었던 신자들의 일부였습니다.

마른 뼈들이 남은 전부였습니다. 죄와 심판이 끝이었습니다. 적어도 그렇게 보였습니다. 언제나 그렇게 보입니다. 에스겔은 그렇게 생각했고, 볼 눈이 있고 생각할 머리가 있는 사람은 다 그렇게 여겼습니다.

그러나 성령강림절은 그것이 끝이 아니라고 주장합니다. 성령강림절은 뼈들이 한데 모여 연결되고 힘줄과 근육이 붙어 인간이 되는 일, 그들이 말하고 노래하고 웃고 일하고 믿고 자신들의 하나님을 찬양하는 일을 기립니다. 그 일은 벌어졌고 지금도 벌어집니다. 이스라엘에서 그 일이 벌어졌고 교회에서도 벌어집니다. 여러분은 거의 언제든 거의 모든 곳에서 그 일이 일어나는 것을 볼 수 있습니다. 그 일을 볼 수 있을 뿐 아니라 그 일의 일부가 될 수 있습니다.

성령강림절은 성령을 통해 하나님이 우리를 찬양하는 백성으로 다시 모으신다는 위대한 사실, 우리는 더 이상 단절된 존재가 아니라 그리스도 부활체의 지체로 받아들여진다는 사실을 기념합니다. 우리는 그리스도의 부활체에 하나님의 백성들이 포함된다고 믿습니다.

이것을 축하합시다. 그리고 하나님의 행하심 속에 더욱 깊이 들어가 사십시다.

잘 산다는 것

모든 것

&

내게 능력 주시는 자 안에서 내가 모든 것을 할 수 있느니라.

— 빌립보서 4:13

　　우리는 자기 확신이 없을 때 과장합니다. 부족함을 허풍으로 때웁니다. 우리 삶의 지루한 이야기에 사람들이 줄행랑칠까 봐 두려워 그들의 관심을 붙들기 위해 말에 약간의 광택을 입힙니다. 자신이 그런 일을 자주 한다는 것을 알기에, 우리는 다른 사람들도 그렇겠거니 생각하고 거창한 말들은 전부 텅 빈 내용을 위장한 것이라고 의심합니다.

　　바울은 종종 거창한 단어들을 썼습니다. 과장이었을까요? 사실 왜곡일까요? 그러나 그의 스타일을 보면 그렇지 않다는 것을 알 수 있습니다. 그는 열광하지 않고 외치지도 않습니다. 그가 다루는 주제가 그의 어휘를 넘어선 것일 뿐입니다. 바울의 서신 가운데서 가장 기쁨이 넘치는 이 서신*의 막바지 문장들에서 상당히 놀라운 다음 진술이 사실을 말할 때 쓰는 구문에 담겨 등장합니다. "내게 능력 주시는 자 안에서 내가 모든 것을 할 수 있느니라."

　　모든 것이란 말은 확고한 성숙의 증거입니다. 무지와 경험 사이의 미성숙 단계에서 우리는 가진 것이나 함께 있는 사람, 머

---

*　기쁨의 서신인 빌립보서를 말한다.

무는 장소를 바꾸면 만족을 얻을 수 있다고 생각합니다. 그러나 내적으로 성장한 원숙한 사람은 우리의 반응이 아주 중요하다는 사실을 압니다. 날씨, 다른 사람들의 감정과 태도, 경제상황 등 세상의 많은 일에 대해 우리는 아무것도 할 수 없습니다. 그러나 한 가지 방식으로 많은 일을 할 수 있습니다. 사랑과 믿음의 행위로 우리 삶을 하나님께 드리는 것입니다. 우리의 존재의미를 하나님과의 관계 안에 두는 위험을 감수하는 것입니다.

이것은 만족의 힘을 삶에 가득하게 해주는 **모든 것입니다.**

잘 산다는 것

진지한 간섭

교회의 특징은 하나님을 진지하게 받아들여야 하는 사람들의 공동체라는 것입니다.

자, 잘 들으셔야 합니다. 저는 지금 교회가 하나님을 진지하게 받아들이는 사람들의 무리라고 말하는 것이 아닙니다. 우리는 그렇게 하지 않을 때가 있습니다. 하나님을 진지하게 여기지 않는 상태로 오랫동안 살아가는 이들도 많이 있습니다. 제 말은 교회는 하나님을 진지하게 받아들여야 하는 사람들의 무리라는 것입니다. 하나님을 진지하게 받아들이지 않으면 우리는 머지않아 간섭을 받게 됩니다. 하나님이 간섭하실 것이기 때문입니다.

하나님은 우리가 우리 식으로 종교생활을 오래 꾸려 가도록 두지 않으십니다. 하나님은 계속해서 침입하시고 간섭하십니다.

우리 스승의 방식

॰৵

사역의 모든 문제에서 우리 스승은 예수님입니다. 우리는 그분의 수습생이 되어 숙련되고 성숙하고 지혜롭게 되고자 합니다. 사역은 그리스도께서 하신 일을 하고 그리스도께서 명하신 내용을 말하고 그리스도의 이름으로 기도하되, 그 모두를 잘하는 것이기 때문입니다.

사역은 선을 행하고 싶은 모호한 충동이 아닙니다. 다른 사람들을 돕고 싶은 막연한 욕구가 아닙니다. 무한을 더듬어 찾는 모든 사람과 신비롭게 손을 잡는 것이 아닙니다. 사역은 그리스도께서 하신 일을 그분의 방식으로 행하는 법을 배우는 것입니다. 우리 스승의 방식을 따라 행하고 말하고 기도하는 것입니다.

상호의존성

∾

경제적으로 물리적으로, 우리는 상호의존성의 거대한 그물망에 갇혀 있습니다. 영적으로는 더욱더 그렇습니다. 교회는 모든 상호 의존성이 가장 온전하게 표현되는 장소입니다. 교회는 하나님의 은혜라는 맥락에서 상호의존성을 표현합니다. 이 은혜는 그분의 영광을 기뻐하며 찬양하도록 (거기 의존하도록) 창조된 우리를 에워 싸고 관통합니다.

사물들의 사역

"관념이 아니라 사물"[16]은 미국 최고의 시인 중 한 사람인 윌리엄 카를로스 윌리엄스의 확고한 신념이었습니다. 미국사에서 많은 이들이 감상적 생각과 흔들리는 감정이 더 우월한 문화의 사례—이를테면 금이 간 보도와 초라한 공원의 부서진 벤치보다 더 순수한 형태의 현실—라고 생각했던 시대에, 윌리엄스는 농가 마당의 붉은 외바퀴 손수레와 병원 마당의 깨어진 푸른색 유리 몇 조각을 사용하여 독자가 일상의 현실에 참여하게 했습니다. 그는 시인의 소명이 감정으로 삶을 장식하거나, 자장가 리듬으로 사람들을 즐겁게 해주거나, 기억하기 쉬운 도덕적 문구로 가르침을 주는 것이 아님을 알았습니다.

시인의 소명은 거짓말과 망상과 회피를 제거하여 독자가 스스로 존재의 현실을 보고 냄새 맡고 만지고 호흡하게 하고, 그것을 사랑할지 미워할지, 복을 빌지 저주할지, 어느 쪽이든 원하는 대로 직접 살아낼 수 있게 하는 것입니다. 더 이상 현실에 무심하거나 현실에서 격리된 상태로 있지 않도록 말입니다. 이런 점에서 시인은 말씀과 성례 사역의 형제자매입니다. 그리고 사실, 이전 시대에는 시인과 제사장이 종종 같은 사람이었습니다.

믿음의 삶에서는 창조세계의 어떤 부분도 건너뛸 수 없습니다. 그 어떤 부분도 우리가 참아 내야 할 불편한 요소에 그치지 않습니다. 그 어느 것도 하나님을 찬양하기 위해 경건하게 높은 곳을 바라보는 이들의 발을 걸어 넘어뜨리려고 마귀가 갖다 놓은 장애물이 아닙니다. 창조세계는 하나님이 그분과의 만남을 위해 만든 구조물입니다. 성례는 우리의 외부와 내부가 동일한 현실의 일부임을 알려 줍니다. 창조와 구속은 같은 하나님으로부터 나옵니다. 하나님이 창조의 행위로 만드시는 것과 구속의 행위로 주시는 것이 우리의 몸과 영혼을 보존해 줍니다.

예수님이 뭔가를 집어 드시는 순간, 그 행위로 그 물건이 **좋**은 것이라는 사실이 분명해졌습니다. 그 물건은 하나님 창조의 한 부분이고, 하나님을 만날 수단이 됩니다. 가나의 물 항아리, 예루살렘의 바람 소리, 갈릴리 바다의 파도, 베데스다 연못 병자의 자리, 나사로의 시체, 그리고 예수님의 살과 피.[17] 모두 **사물**입니다.

우리는 사물을 건너뛸 수 없습니다. 사물은 매우 중요합니다.

하나님은 교회의 성례라는 물질적 수단을 사용하여 우리에게 은혜를 주십니다. 하나님은 창조세계의 물질을 사용하여 우리가 그분과 관계를 맺게 하십니다. 예수님은 최고의 성례주의자이십니다. 그분은 손에 잡히는 모든 것을 사용하여 우리가 하나님을 인식하고 그분께 반응하도록 이끄십니다.

다락방의 식탁에서 열두 제자에게 성례 사역을 훈련시키실 때, 예수님은 쓸 만한 재료—포도주와 빵—를 준비해 두셨습니다. 그날 밤 그들은 유월절 식탁에 앉아 있었으니까요. 예수님과 제자들은 거기서 곧 유월절 식사를 할 계획이었거나 아니면 유월절 식사를 막 마친 참이었을 것입니다. 세 복음서 저자들은 예수님이 식탁 위에 있는 것들로 지금 우리가 주의 만찬이라 부르는 성례를 만드시고 우리에게 그것을 계속 기념하라고 말과 행동으로 명령하셨음을 알려 줍니다. 우리는 그것을 계속 기념해 왔습니다. 오늘 저녁에도 성찬식을 할 것입니다. 그러나 요한은 이 이야기에서 빵과 포도주에 관한 부분을 건너뜁니다. 그는 예수님이 엄숙하고 정확한 말씀으로 성찬식을 제정하시는 부분과 복을 비는 기도를 생략하고, 그들이 아직 식탁에 둘러앉아 있을 동안 예수님이 비눗물을 한 양동이 떠다가 제자들의 발을 씻기기 시작하셨다고 말합니다. 그들의 발을 다 씻기고 나서 그분은 그들도 그렇게 해야 한다고 말씀하셨습니다 요 13:1-17 참조.

이런 일은 예수님 특유의 모습이었습니다. 그분은 뜻밖의 것들을 놀라운 방식으로 사용하셔서 주위 사람들이 하나님을 만나도록 이끄셨습니다. 사물은 거룩합니다. 그러나 우리는 게으름이나 피로나 이기심이나 무지나 반항심 때문에, 즉 죄 때문에 이 사실을 잊거나 알지 못하거나 우리와 관계없는 일이라고 느낍니다. 우리는 무시당하고 소외당한다고 느낍니다. 우리는 불결하다고 느낍니다. 우리가 좀 더 근사한 몸을 가졌다면 하나님의 형상으로 만들어졌다는 말이 더 실감날 거라고 생각합니다. 좀 더 편안한 환경에서 산다면 성령의 위로를 더 잘 경험할 수 있을 거라고 생각합니다. 우리 발이 이렇게 더럽지 않고 날이 이렇게 덥지 않다면 이웃을 사랑할 마음이 더 들 거라고 확신합니다. 예수님은 이 모든 것을 감지하시고 물 한 동이를 떠다가 비누 한 개를 넣고 낡은 사료 자루로 만든 수건을 챙겨서 제자들의 발을 씻기셨습니다. 양동이, 발, 수건, 물—성례의 요소들입니다.

성례의 사역은 세상이 유용하거나 아름답거나 불경하거나 누추한 곳이 아니라 거룩한 곳임을 선언하고 그 사실을 보여줄 책임이 있습니다. 성례의 사역은 병든 몸, 외로운 마음, 더러운 발, 오염된 개울, 비인간화된 제도, 포도밭, 밀밭에 거룩함이 있다고 주장하고 거기서 하나님을 만나도록 이끕니다. 세례반과 성배로 대표되는 성례의 현장에서, 우리는 이 물질계에서 하나님이 쓰실 수 없는 부분은 없고 모든 것이 선하게 창조되었으며 구원의 과정에서 핵심적인 역할을 한다는 것을 발견합니다.

예수님이 성례의 사역으로써 우리를 훈련하는 것은 우리가 이 세상의 것들을 통해 전해지는 하나님의 임재 앞에서 살고 사랑하고 믿게―그리고 다른 사람들도 살고 사랑하고 믿도록 가르치게―하시려는 것입니다.

친구들의 발을 씻기시는 예수님. 제자들 앞에서 무릎을 꿇으시는 스승. 비눗물, 더러운 발. 이 모두는 세상의 구원을 위해 마련된 무대 위에서 벌어진 일입니다. 그 순간 예루살렘에는 유월절로 인한 온갖 소리가 가득했다는 것을 기억하십시오. 희생제물로 바쳐질 어린 양들의 울음소리, 할렐루야 시편의 노랫소리, 메시아가 오시기를 바라는 기도소리, 말로 표현할 수 없는 깊은 탄식, 소망과 기쁨의 노래까지 울려 퍼졌습니다. 예루살렘은 예수에 대한 소문으로 열광하고 있었습니다. 그분은 압도적인 권위로 행동하셨고 마음을 사로잡는 말씀을 하셨고 진리를 계시하셨습니다.

우리는 성례의 사역, 삶의 실제적 요소들에 존재하는 거룩함을 인정하는 사역을 배움으로써만 우리의 자아로부터, 감정으로부터, 체온의 상승과 성령의 불을 혼동하는 일로부터 구원받을 수 있습니다. 그래야 우리는 예수님을 **위해서만**이 아니라, 예수님 **처럼** 사역할 수 있습니다.

대림절 리스와 바퀴

ぐ♪

저 북쪽에 살면서 날씨의 리듬과 우리 신앙의 진리를 통합하는 법을 배웠던 그리스도인들 사이에는 몇 세기 동안 이어져 온 관행이 하나 있었습니다. 그들은 세속적인 것과 종교적인 것을 구분하지 않았습니다. 자연과 복음은 동일한 실재의 바깥이자 안이었습니다.

날이 점점 짧아지고 추워지다가 태양이 영원히 떠나 버릴 것처럼 느껴지면, 그들은 모든 평범한 활동과 날마다 하던 일들을 중단했습니다. 그들은 겨울의 성질에 순응하여 밭을 떠나고 기구들을 치웠습니다. 수레와 마차에서 바퀴를 떼어 나뭇잎과 불빛으로 장식했고 실내로 들여와 현관에 걸었습니다. 그것은 평소에 하던 일을 멈추고 내면을 살펴야 할 시간이라는 표시였습니다. 그들은 세상의 빛이신 그리스도께 빛과 온기를 달라고 호소했습니다.

우리가 선조들처럼 문자 그대로 가족용 자동차 폰티액에서 타이어 하나—이를테면 오른쪽 앞 타이어—를 떼어 대림절 리스로 쓰면 어떤 일이 벌어질지 상상해 보십시오. 정말이지, 세상이 멈출 것입니다! 늘 돌아가던 일상이 중단될 것입니다. 이로써 성장할 여유를 갖게 될 것입니다. 대림절이 위태롭게 품고 있는 것에 주목할 수 있을 테고 자신을 돌아볼 수 있을 것입니다. 가만히 있어야 하는 상황이니 우리는 정신없이 시내로 달려가느라 우리 안에서 태어난, 그리스도를 기대하는 소망을 눌러 버릴 수 없을 것입니다.

잘 산다는 것

이런 식으로 우리의 기대를 심화시키는 일에는 어떤 의미가 있을까요? 대림절을 아는 것에서, 가끔 바퀴 하나를 잃는 지혜를 배우는 데서 무엇을 얻을 수 있을까요?

온 교회와 이어진 우리

❧

사도신경에는 우리가 공교회catholic church[18]를 믿는다는 말이 나오는데, 이것은 교회는 우리가 회중 안에서 보고 듣는 것보다 더 크다는 뜻입니다. 우리는 하나님이 여기 우리 안에서 하시는 일을 다른 많은 곳 다른 많은 사람들 사이에서도 행하고 계시며, 우리 중 누구도 다른 모두와 떨어진 상태에서는 온전할 수 없다고 믿습니다.

그렇다면 공교회는 시간과 공간에 의해 여러 회중으로 나뉘어 있지만 공통의 믿음과 목적, 성령으로 이어져 있는 '온 교회'를 뜻합니다. 모든 기독교회는 유기적으로 이어져 있습니다. 우리가 교회 전체—복잡하고 미묘하고 방대하고 강력한—를 보고 들을 수 있다면 아마 깜짝 놀라게 될 것입니다.

좋은 결말을 향하여

༄

잠시 멈춰 생각해 보십시오. 우리 그리스도인들은 2천 년 전에 시작된 어떤 일의 결과이고, 그 결과는 전 세계뿐 아니라 여러분이 지금 있는 바로 이곳에도 있습니다. 참 인상적인 일이지요.

그러나 그 결과는 인상적이지만—긴 연속성, 줄어들지 않는 에너지, 엄청난 수—거기에는 오해의 소지도 있습니다. 종교적 활동은 영적 무기력증을 가릴 수 있습니다. 종교적 말은 그 영적 진실성을 잃어버릴 수 있습니다. 종교적 정체성은 사회적 역할로 변할 수 있습니다. 가령 레바논에서는 그리스도인이라는 용어가 이곳에서와는 다른 의미를 담고 있습니다.

그래서 우리는 경계를 늦추지 않습니다. 시작이 좋다고 해서 끝도 좋다는 보장이 없습니다. 우리는 살아 계신 하나님께 계속 집중하기 위해 예배로 돌아가고 자기기만에 맞서 예방조치를 합니다.

내적 성장에는 외적 성장보다 훨씬 많은 것이 필요합니다. 전 세계 기독교에 어떤 일이 벌어지든, 이 문제는 여전히 우리에게 남습니다. 우리 자신은 이전보다 더 커지고, 우리 삶은 더 넓어지고, 우리 영혼은 더욱 생기를 얻고 있습니까?

5부
영광에 관하여

예수께서 죽은 자들 가운데서 다시 살아나심으로 우리는
전혀 새로운 생명을 받았고, 가장 중요한 삶의 목적을 얻게
되었습니다. 또한 하늘에 간직된 미래까지 보장받았습니다.
그 미래가 이제 시작되고 있습니다! 하나님께서는 우리와
그 미래를 꼼꼼히 살피고 계십니다. 여러분이 온전하게 치
유된 생명을 얻게 될 그날이 다가오고 있습니다.

베드로전서 1:3-5, 메시지

On Living Well

부활의 기초 작업

☙

> 주인은 그 불의한 청지기를 칭찬하였다. 그가 슬기롭게 대처하였기
> 때문이다. 이 세상의 자녀들이 자기네끼리 거래하는 데는 빛의 자녀
> 들보다 더 슬기롭다.
>
> — 누가복음 16:8, 새번역

예수님은 몇 가지 이상한 이야기를 하십니다. 우리는 머리를 긁적입니다. '무슨 말씀을 하시는 거지?' 예수님은 문제를 쉽게 만들지 않으십니다. 그분은 우리의 지성, 정신을 놀리시는 것 같습니다. 우리는 의아해하면서 곰곰이 생각합니다.

예수님은 현대의 광고회사가 카피라이터로 고용할 만한 좋은 의사소통자는 아니었습니다. 알고 보면 예수님의 주된 관심은 의사소통이 아니라 교제에 있었습니다. 그분은 우리가 새로운 정보를 얻는 일보다는 새로운 사람이 되는 일에 주로 관심이 있으십니다. 그리고 그 일을 위해 그분은 우리를 끌어들이셔야 합니다. 우리가 이런저런 질문을 하고 자신이 누구이고 선 자리가 어디인지 궁금해하고 호기심과 관심을 갖고 기대하며 모험을 감수할 준비가 되도록 말입니다.

부활의 중심축

ↄↄ

우리는 소비자 종교와 은혜로운 복음 사이의 구분선을 날카롭게 그을 필요가 있습니다. 세상과 우리 죄가 그 구분선을 흐리게 만들었고 심지어 지워 버렸습니다. 부활은 그 선을 굵고 또렷이 다시 그어 소비자 종교와 은혜의 복음을 가릅니다.

소비자 종교는 종교 쇼핑몰에서 하나님을 물색하고 가장 최근에 유행하는 내용을 시도해 봅니다. 은혜의 복음은 무지로 인해 반역한 우리를 발견하고 그리스도의 지체가 되도록 초청합니다. 많은 사람들이 부활과 무관하게 살아가면서 하나님으로부터 뭔가 흥미롭거나 자기 삶에 유용한 것을 얻으려고 들 뿐, 하나님이 그들을 위해 은혜롭고 영원한 일을 하시도록 맡기지 않습니다. 부활의 중심축은 다섯 개의 동사로 이루어집니다. 믿다, 희생하다, 거하다, 사랑하다, 거룩하게 하다.

부활은 중심점입니다. 부활의 사건이 있기 이전까지, 우리는 종교의 소비자로 하나님께 무엇을 얻어 낼 수 있는지 찾습니다. 부활 이후에는 놀라운 은혜에 깜짝 놀라고 우리가 찾지 않았고 우리에게 필요한 줄도 몰랐던 것을 받습니다.

소비자 종교는 의미의 기준을 높이려 하거나 천사의 보호를 '구입'하려고 우상숭배의 양품점에서 물건을 왕창 사들이는 행태입니다. 은혜의 복음은 하나님의 선물입니다. 우리에게 가능한 줄도 몰랐던 새로운 삶입니다.

잘 산다는 것

부활의 삶은 다릅니다. 그것은 소비자 종교보다 더 경이롭고 더 어렵습니다. 더 경이로운 이유는 우리의 상태에 완전히 맞춘 하나님의 독창적 창조물이기 때문입니다. 더 어려운 이유는 하나님이 대장이신데 우리가 대장 노릇을 하려 하기 때문입니다. 그것은 결국 우리의 삶이니까요. 우리는 그렇게 느낍니다.

우리는 단순하게 신실함을 실천하여 어려움에 맞서고 경이를 받아들입니다. 몇 주고 몇 년이고 그리스도의 부활을 기념하는 부활절이라는 중심축으로 돌아가 소비자로 굳어진 습관들을 내버리고 은혜의 선물을 받기를 구합니다. 하나님이 그리스도 안에서 행하신 일들, 우리의 삶을 변화시키는 일들을 말하는 부활의 동사들에 주목하려 힘씁니다. 우리는 그 일들에 참여하기를 훈련합니다. 그리스도의 생명뿐 아니라 우리의 생명도 하나님의 부활 역사라는 중심축에 달려 있기 때문입니다.

삼키는 불

⌒

온 땅이 여호와의

질투의 불에 삼켜지리니

— 스바냐 1:18

몬태나에서 어린 시절을 보낸 저는 불의 용도에 대한 두 가지 기억이 있습니다. 아버지는 정육점을 하셨고 종종 저는 소를 고르고 구입하러 방목장을 찾는 아버지를 따라갔습니다. 방목장에 잡초와 엉겅퀴가 너무 빽빽하게 자라면 목장 주인이 가끔 거기다 불을 놓기도 했습니다. 불이 걷잡을 수 없이 번지는 일이 없도록 사람들을 주변에 신중하게 배치한 다음, 불이 잘 붙게 휘발유를 약간 붓고 성냥을 그어서 던지면 몇 에이커의 땅이 불로 뒤덮였습니다.[19] 곧 그곳은 까맣게 변하고 아무것도 남지 않았습니다. 불이 제 역할을 해서 잡초와 엉겅퀴를 태우면 다른 곳으로 씨가 퍼지지 않습니다. 하나님의 불이 그와 같습니다. 하나님의 불은 심판으로 우리에게 찾아와 예수님이 싫어하시는 것, 예수님과의 교제를 누리지 못하게 막는 것을 제거합니다.

유달리 생생했던 불의 또 다른 용도는 소의 낙인을 찍는 시기에 볼 수 있었습니다. 어른들이 쇠로 된 낙인을 불에 넣고 빨갛게 달아오를 때까지 그대로 두었습니다. 그렇게 해도 낙인은 전혀 손상되지 않았습니다. 이미 시험을 거친 단단한 낙인이었기 때문입니다. 불이 낙인에 한 일은 효율성을 극대화하여 어린 송아지의 가죽에 낙인을 찍을 때 자국이 빨리 생기도록 하는 것이 전부였습니다.

하나님의 심판이 우리 삶에 임할 때는 이 불과 같습니다. 우리 삶에서 쓸모없고 나쁜 모든 것을 정화하고 태워 버립니다. 그리고 우리 삶의 선한 부분, 우리 안에 있는 그분의 형상을, 그분을 효과적으로 섬길 수 있는 백열상태로 만들어 마치 낙인 도구처럼 우리가 무엇을 만지든 그분의 흔적을 남길 수 있게 합니다. 하나님의 심판이 늘 유쾌한 것은 아닙니다. 스바냐 선지자가 말한 것처럼, 그것은 "환난과 고통의 날"습 1:15일 수도 있습니다. 그러나 우리는 그것이 준비를 위한 심판임을 기억해야 합니다. 그것은 우리에게 오시는 그분과의 영원한 교제를 준비하게 해주는 심판입니다.

거룩함에 대한 전망

⌘

기독교 신앙은 누가 보아도, 심지어 기독교 신앙을 받아들이지 않는 이들이 볼 때도 방대하고 빛나는 것과 관련이 있습니다. 거룩함에 대한 숨 막히는 전망, 인간에 대한 경이로운 통찰, 놀라운 계명, 광명한 복 등 말입니다.

우리는 복음의 화려함에 눈이 부십니다. 그러나 그와 동시에 그 화려함에 주눅이 들기도 합니다. 우리 자신의 평범함을 알기에 그런 비범한 무리에 낄 자격이 없다는 생각이 듭니다. 멀찍이서 감탄할 뿐, 우리의 일상을 볼 때 복음의 큰 질문들과 중대한 만남을 삶으로 구현해 낼 만한 자질이 우리에게 있다고 생각하지 않습니다. 우리 중 많은 이들이 온전한 신앙으로 살지 못하는 이유는 믿지 않아서가 아니라 그럴 수 없다고 생각하기 때문입니다. 그런 우리에게 필요한 것은 진리를 확신하게 해줄 강력한 논증이 아니라 참여하도록 이끌어 줄 단순한 안내입니다.

모방은 단순한 지시입니다. 빛나는 은혜에 참여하는 방법은 정교한 신학논문들에 숙달하거나 엄격하고 금욕적인 요법을 실천하는 것이 아닙니다. 신앙의 길에서 다른 이들과 합류하는 것입니다. 그리스도를 아는 것을 목표로 삼는 데 동의하는 친구들과 의도적으로 꾸준히 어울리는 것은 누구나 할 수 있는 일입니다.

우리 모두는 복음대로 사는 일과 나름의 방식으로 크게 다르지 않은, 칭찬받을 만한 한 가지 인상적인 성취를 이룬 바 있습

잘 산다는 것

니다. 모국어를 유창하게 구사할 줄 알게 된 것 말입니다. 모국어가 영어인 사람이 많습니다. 영어는 어려운 언어입니다. 영어의 구문론은 당혹스러울 만큼 복잡합니다. 하지만 대여섯 살 무렵에 우리는 전부 영어를 숙달했습니다. 학교도 다니지 않고 말입니다. 어떻게 그런 일을 해냈습니까? 부모님과 형제자매들과 친구들이 그냥 말을 시작했고 우리는 그들을 모방했습니다. 우리는 말을 하는 사람들과 어울렸고, 어느새 우리도 말을 하고 있었습니다. 우리는 이와 같은 방식으로 그리스도를 '배웁니다.' 복음대로 사는 이들과 어울림으로써 배우는 것입니다.

이런 모방은 개인에게 해당합니다만, 사회에도 이런 일이 가능합니다. 역사적으로, 로마제국 팽창의 주된 수단은 군사 정복이 아니라 식민 정책이었습니다. 사람들은 강제에 못 이겨 로마인이 된 것이 아니었습니다. 그들 사이에서 로마인으로 살아간 사람들의 무리를 통해 로마인이 되는 법을 배웠던 것입니다. 성경 시대의 식민지 이민단은 외국 땅에 정착하여 로마식으로 모든 일을 했던 사람들의 무리였습니다. 그들의 목적은 현지 주민들과 분리되어 스스로를 온전하게 보존하는 것이 아니라 야만적인 땅에서 이른바 문명화된 삶을 보여주고 확립하는 것이었습니다.

그리스도인들은 다른 여느 사람처럼 정착하여 보통의 삶을 삽니다만, 그리스도의 방식으로 산다는 것이 다릅니다. '야만의' 세계에서 하나님의 '문명'을 확장하는 주된 수단은 사람들에게 진리를 설교하거나 착해지도록 강요하는 것이 아닙니다. 주된 수단은 모방의 공동체를 수립하는 것입니다. 그들 예배하는 회중 안에서 우리는 보통의 삶을 하나님의 방식으로 살아갑니다.

봄철의 나사로

೧

예수께서 이르시되 "나는 부활이요 생명이니 나를 믿는 자는 죽어도
살겠고 무릇 살아서 나를 믿는 자는 영원히 죽지 아니하리니 이것을
네가 믿느냐?" 이르되 "주여 그러하외다.……내가 믿나이다."

— 요한복음 11:25-27

나사로가 죽었습니다. 예수님은 그를 다시 살려 내셨습니다.
왜 그렇게 하셨을까요? 우리는 모릅니다. 그분이 그렇게 하셨습니
다. 그것은 그분이 일하시는 방식이었습니다. 특별한 이유가 없습
니다. 예수님은 생명을 주실 뿐, 그 이유를 알려 주시지 않습니다.

나사로는 몸무게, 키, 출생일이 있는 실존인물이었습니다.
부모가 있었고 여동생도 둘 있었습니다. 어릴 때 여동생들과 같이
놀았을 테고 형제자매가 흔히 그러듯 싸우기도 했을 겁니다. 그가
살던 곳에서 남쪽으로 눈을 돌리면 10킬로미터 정도 떨어진 곳에
예수님이 태어나신 마을이 보였습니다. 서쪽을 바라보면 골짜기
너머 1.6킬로미터 정도 떨어진 곳에 다윗의 도성과 성전이 눈에
들어왔습니다. 그는 자라서 직업을 얻었고 어느 날 예수님을 만났
습니다. 두 사람은 좋은 친구가 되었습니다.

그러다 나사로가 죽었습니다. 누구나 결국은 죽습니다. 우
리는 태어나고 살다가 죽지요. 우리는 출생일이 있고 사망일도 생
길 것입니다. 그 두 날 사이에서 우리는 자라고 친구들과 놀고 집

잘 산다는 것

이 자리 잡은 도로명과 우리가 사는 도시 이름을 알게 되고 직업을 얻습니다. 우리는 사람들을 만납니다. 그중 일부와는 친구가 됩니다. 그러다 죽습니다. 그것으로 끝입니다.

그런데 예외가 있었습니다. 나사로였습니다. 나사로는 다시 살아났습니다. 나사로에게 결정적인 날은 출생일이나 사망일이 아니고 **생명을 되찾은** 날이었습니다. 예수님이 그의 이름을 불러 살려 내셨습니다. 두 여동생은 오빠의 삶이 끝났고 이제 할 수 있는 일은 지난날을 추억하는 것뿐이라고 생각했습니다. 가족과 친구들의 이런 생각은 잘못된 것이었습니다. 그들은 죽음이 최종결정권을 갖고 있다고 생각했지만 실상은 그렇지 않았기 때문입니다. 생명이 최종결정권을 갖고 있었습니다.

예수님은 왜 그렇게 하셨을까요? 왜 나사로를 무덤에서 불러내어 여동생들과 친구들 앞에 살아 있는 모습으로 세우셨을까요? 예수님이 모든 사람에게 그렇게 하시는 것은 아닙니다. 나사로는 왜 예외였을까요? 어쩌면 우리가 죽음이 끝이라고 생각하는 순간에 생명으로 우리를 놀라게 하시려는 것인지도 모릅니다. 출생은 뜻밖의 일이 아니고 죽음도 그렇습니다. 그러나 이야기가 끝났다고 생각할 때 주어지는 생명, 가족도 친구도 일도 모두 끝이라고 생각할 때 주어지는 생명은 언제나 놀라움 그 자체입니다.

우리는 모든 생명에, 적어도 우리가 생명이라 부르는 모든 것에 놀라는 것은 아닙니다. 많은 생명이 죽습니다. 예측 가능하고 흥미롭지 않습니다. 그들은 방부 처리됩니다. 그러나 예수님이 불러 나타나게 하시는 모든 생명은 놀랍습니다. 그렇게 탄생하는 생명은 나뭇잎으로 짠 수의를 뚫고 올라오는 수선화처럼 예외입니다. 나사로도 그렇습니다. 성경과 설교와 성례 가운데 예수님이 이름을 부르신 여러분도 그렇습니다.

　나사로 이야기를 다시 읽어 보십시오. 세상의 죽은 예측가능성과 '우리 죄의 겨울'에서 한 발 물러서고, 생명을 만드시는 예수님의 말씀에 몰두해 보십시오. 그 말씀은 봄마다 일어나는 일처럼, 우리 각 사람 안에서 하나씩 하나씩 죽음에서 생명이 피어나는 예외를 만드십니다.

한 가지 일

✑

나는 아직 그것을 붙들었다고 생각하지 않습니다. 내가 하는 일은 오직 한 가지입니다. 뒤에 있는 것은 잊어버리고, 앞에 있는 것을 향하여 몸을 내밀면서……달려가고 있습니다.

— 빌립보서 3:13-14, 새번역

문제 해결이나 과제 성취의 관점에서만 인생을 생각하면 인간됨의 의미를 심각하게 왜곡하게 됩니다. 우리가 가장 인간다운 영역들에서 삶은 그렇게 작용하지 않습니다.

가령 야구선수가 야구공을 타격하는 문제는 홈런을 하나 친다고 해서 해결되지 않습니다. 그것은 한 번의 홈런으로 해결되어 남은 시간은 위대한 순간을 담은 비디오를 돌려보면서 보내면 되는 그런 문제가 아닙니다. 야구선수가 된다는 것은 매일 경기하러 나가고, 몸을 움직여 가끔 홈런을 칠 뿐 아니라 계속 경기를 치른다는 뜻입니다.

결혼이라는 문제는 연인이 1년 함께 잘 지내고 결혼 1주년을 기념한다고 해결되지 않습니다. 그것은 1주년 결혼기념일 후에 다른 일로 넘어가고 바쁜 일정 와중에 기념일 사진을 가끔 들여다보면 되는 그런 문제가 아닙니다. 연인들은 감정, 상상력, 몸을 써서 새로운 사랑의 방식을 계속 배웁니다.

청소년의 장성함이라는 문제는 스물한 살의 나이에 이르러 출생증명서라는 반박불가의 증거를 모든 사람에게 제시하며 성인 대접을 요구하는 것으로 해결되지 않습니다.

우리가 하나님과 올바른 관계를 맺기 위해 달력의 회심 날 짜에 동그라미를 치고 자신의 신앙을 간증하는 것만으로 삶의 문 제가 해결되지 않습니다. 우리가 탐구해야 할 믿을 수 없을 만큼 풍성한 은혜와 자비의 세계가 존재합니다. 바울의 말을 바꿔 표현 하자면 이렇습니다. "나는 [그것을 붙들었다고] 생각하지 않고"(여기 서 '생각하다'에 해당하는 단어 '로기조마이'*logizomai*는 "현장을 둘러보고 평 가하다"라는 뜻입니다) "나는 출발했다고 말할 수가 없습니다."

"내가 하는 일은 오직 한 가지입니다." 한 가지. 여기서 바울 은 예수님이 마리아와 마르다에게 하셨던 말씀을 반복하고 있습 니다. 마르다가 분주히 집 안을 다니며 청소하고 식사를 준비하는 동안, 마리아는 예수님의 발치에 앉아 사랑으로 그분의 말씀에 귀 를 기울였습니다. 마르다가 마리아에 대해 불평했습니다. "동생 이 돕지 않는데 왜 그냥 두십니까?" 이에 예수님은 그녀의 중심을 잡아 주는 말씀을 하셨습니다. "마르다야, 마르다야, 너는 많은 일 로 염려하며 들떠 있다. 그러나 필요한 일은 하나뿐이다. 마리아는 좋은 몫을 택하였다. 그러니 그는 그것을 빼앗기지 않을 것이다"눅 10:41-42, 표준새번역.

좋은 동료들

๛

할로윈(만성절 전야제 또는 만성제)에는 동네 아이들이 유령 복장을 하고 다니지만, 우리 중 어떤 이들은 그다음 날 아침을 기대합니다. 만성절(모든 성인들의 축일) 말입니다. 그날은 우리 그리스도인들이 선조들과 이어져서 기억하고 기도할 기회, 그들이 우리에게 남겨 준 것으로 복을 받을 기회, 십자가의 길로 계속 걸어가라는 도전을 받을 기회입니다. 우리 선조들 중에는 가까운 분들(부모, 조부모, 기타 가족 구성원들)도 있고, 그보다 먼 분들도 있습니다(성경의 선조들, 기독교 성인들, 우리가 존경하고 영향을 받은 남녀들). 하나님께 기도하고 그들의 증언을 기억할 때 우리는 그들이 생각보다 우리와 가깝다는 것을 발견하고 우리가 그들에게 계속 많은 영향을 받고 있음을 깨닫습니다. 좋은 동료들입니다!

우리가 어울리는 사람들은 우리의 사람됨에 영향을 줍니다. 우리가 어울리는 이들을 보면 우리가 누구인지 알 수 있습니다. 그리스도인 동료들이 최고입니다. 그들은 활기 넘치고 분별 있고 전 세계에 있고 수 세기에 걸쳐 뻗어 있습니다. 그리스도인 동료들 중에는 우리가 집에 초대하는 사람들, 함께 예배를 드리는 사람들, 사역과 증언의 동지들뿐 아니라 우리 선조들도 있습니다. 흔히 우리는 순례의 길에서 우리 선조들과 관계를 구축합니다. 그들의 지혜가 우리의 지혜가 되고, 그들의 사랑이 우리의 사랑에도 이어지고, 그들의 믿음이 우리의 제자도로 이어지게 하고자 말입니다.

좋은 죽음

'좋은 죽음'이라는 문구는 현대 문화에서 잘 쓰이지 않습니다. 그러나 100년 전만 해도 모든 목회적 실천은 사람들이 좋은 죽음을 준비하고, 좋은 죽음을 기대하며 살도록 준비시키는 데 맞춰져 있었습니다.

세속 문화는 우리의 필멸성必滅性이라는 거룩한 기회를 받아들이는 대신, 죽음의 경험으로부터 우리를 분리시키려고 노력합니다. 그러나 그것이 가능할까요? 아닙니다. 죽음은 우리 존재의 본질적 신비 중 하나입니다. 그래도 우리 문화는 상당한 정도로 성공을 거둡니다. 죽음의 빈도와 불가피성을 고려하면, 우리가 그 실재성을 얼마나 잘 회피하고 부인하는지 놀라울 따름입니다.

그러나 그렇게 회피하면서 우리는 쪼그라듭니다.

부활 탐정

∽

아직도 그들은 예수께서 죽은 사람들 가운데서 반드시 살아나야 한다
는 성경 말씀을 깨닫지 못하였다. 그래서 제자들은 자기들이 있던 곳
으로 다시 돌아갔다.

— 요한복음 20:9-10, 새번역

우리가 모르는 것이 많습니다. 살다 보면 무슨 일이 벌어지
는 것인지 알 수 없는 날들이 있습니다. 그런 날이 많습니다. 사건
들이 제멋대로 굴러 떨어지는 것처럼 보입니다. 거기에 어떤 까닭
이나 이유가 있을까요? 그런 것 같다는 생각이 들 때도 있지만, 모
르겠다고 두 손을 들 때도 있습니다. 세상이 의미로 환하고 모든
새와 꽃이 그 영광을 증언하는 날들이 있습니다. 그럴 때 우리는
짐승처럼 무구하게 춤추고 노래합니다. 그러다 갑자기 별 없는 밤
들이 찾아옵니다. 어둠이 우리 영혼에 스며들고 우리는 이불을 뒤
집어쓴 채 두려움과 절망에 웅크립니다.

바위로 된 산기슭을 깎아 만든 무덤 속 시체가 사라졌습니
다. 두 사람이 어리둥절한 채 무덤 앞에 서 있습니다. 여기서 무
슨 일이 벌어진 걸까요? 무덤에서 시신이 사라졌을 뿐 아니라, 그
들의 삶의 의미도 함께 사라져 버렸습니다. 그 시신의 이름은 예
수였습니다. 생전에 그분은 이 두 사람에게 그들의 삶에는 목적이
있고, 사는 것은 가치 있는 일이며, 구원계획 안에서 모든 것이 서

로 맞물리고, 사랑이 가능하다는 믿음을 심어 주었습니다. 그들은 그분과 함께 시간을 보내며 인생은 아름답고 하나님은 선하시다고 확신하게 된 터였습니다. 그러다 그들은 그분이 죽임을 당하고 묻히는 것을 보았습니다. 그것은 끔찍한 상실, 충격적일 만큼 실망스러운 일이었습니다. 그러나 우리는 죽음, 이별, 상실 같은 일들을 겪고도 살아갑니다. 그들도 그렇게 살아갈 터였습니다. 그들에겐 멋진 기억들이 있었습니다. 그분의 무덤은 그들이 겪었던 최고의 사건들의 증표로 남을 터였습니다. 그들은 그곳을 방문할 때마다 옛 경험들을 되새기고 감사하면서 그분의 사랑과 우정에 부끄럽지 않게 잘 살려고 최선을 다할 것이었습니다.

그러나 무덤이 비어 있습니다. 살아 있던 예수님이 떠나셨는데, 죽은 예수님도 떠나셨습니다. 그들에게는 현실이 뒤집히는 것 같은 일이었습니다. 확실한 것이 하나도 없었습니다. 그들은 미스터리 한복판에 있었습니다. 미스터리 앞에서 그들은 탐정이 되었습니다. 가끔씩 있는 일입니다. 그러다가 단서를 하나 찾았습니다. 그들은 머리를 써서 단서를 따라갔습니다. 단서에 이끌려 그들이 내린 결론은 부활이었습니다.

지금도 여러 단서가 도처에 있습니다. 단서를 포착하고 따라가서 그로부터 올바른 결론을 도출하고 신뢰하는 믿음으로 삶의 신비 앞에서 살아가는 일은 지금도 여전히 호기심 많은 사람들의 몫입니다.

약화시키지 않는 부르심

≈

> 목표를 바라보며 뒤쫓아 가고 있습니다. 그것은 상, 곧 하나님이 그리스
> 도 예수님 안에서 위로 불러 주시는 부르심의 상을 받기 위해서입니다.
>
> — 빌립보서 3:14, 새한글성경

바울을 삶에서 모든 것을 얻어 내려고 작정한 정력적이고
저돌적인 야심가로 생각한다면 그가 빌립보서에서 한 이 말의 의
미를 완전히 놓치고 말 것입니다. 많은 사람들이 이런 야심가의
모습으로 안간힘을 씁니다. "뒤쫓아 가는" 것입니다. 중요한 문제
는 그들이 무엇을 추구하느냐는 것입니다. 목표가 무엇입니까? 그
들은 어떤 상을 받으려고 작심하고 있습니까?

바로 여기서 우리는 "하나님이 그리스도 예수님 안에서 위로
불러 주시는 부르심"에 주목해야 합니다. 여러분이 성경과 많은 시
간을 보냈다면 지금쯤 익숙해졌어야 하는 강조점이 여기에 있습니
다. 하나님이 예수 그리스도 안에서 결정적 행동을 하셨다는 것입
니다. 하나님이 우리를 부르십니다. 하나님은 우리를 그분의 소유로
부르시고, 그분과의 관계로 부르시고, 그분을 알라고 부르십니다.
위로 불러 주시는 부르심은 잠재력을 최대한 발휘하라거나 인생을
최대한 값지게 살라거나 어찌되었건 최선을 다하라는 부르심이 아
닙니다. 우리는 지금 과제가 아니라 **믿음**에 대해 말하고 있습니다.
바울이 선언하는 것은 경력개발이 아니라 개인적 부르심입니다.

위로 불러 주시는 부르심은 우리에게 주어지는 다른 부름들과 전혀 다릅니다. 우리는 여러 존재가 되고 많은 일을 하도록 부름을 받습니다. 우리 삶의 많은 부분은 그런 부름들이 우리 행동을 결정하는 방식들로 묘사할 수 있겠지만, 거기에는 우리가 할 수 있는 일이 들어 있을 뿐, 우리가 누구인지는 들어 있지 않습니다. 우리는 특정한 일을 하고, 노동자가 되고, 소비자가 되도록 부름을 받습니다.

제가 여러분이 원하는 일만 한다면, 저 자신의 많은 부분은 배제되고 맙니다. 여러분이 제가 원하는 일만 하신다면, 여러분의 많은 부분이 배제될 겁니다. 저에게 주어지는 요구는 다른 사람들의 필요에서 나오는 것이기 때문입니다. 그중 많은 것이 합당하고, 저는 그중 상당 부분에 반응할 필요가 있습니다. 그러나 그것이 저라는 사람의 전부라면, 저는 저 자신이 아니게 됩니다. 하나님이 저를 부르시는 것은 그분이 저에게 뭔가를 얻어 내고자 하심이 아니라 제가 그분으로부터 뭔가를 얻기 원하시기 때문입니다. 그분의 부르심은 저를 약화시키지 않는 유일한 부름입니다.

다시 말합니다. 그분의 부르심은 저를 약화시키지 않습니다. 그분의 부르심은 제가 저의 본질적 존재를 놓치지 않고 그 존재를 확고히 하게 합니다. 그분의 부르심은 저의 핵심 정체성을 약화시키지 않습니다.

그분의 부르심은 오히려 그것을 확립합니다.

잘 산다는 것

주님은 나의 발을 생명 길에 두셨고

그 길은 온통 주님 얼굴빛으로 환히 빛납니다.

주께서 내 손을 잡으신 그날 이후로,

나, 바른 길에 서 있습니다.

시편 16:11, 메시지

주

1. William Blake, "The Holiness of Minute Particulars," *Jerusalem*, 48-53, 60-66, www.bartleby.com/235/322.html.

2. 유진이 선택한 단어 '운 좋은'lucky은 그리스어 단어 마카리오스makários를 배경으로 하고 있다. 유진은 팔복의 경우처럼 영어에서 흔히 blessed(복 있는)로 번역되는 마카리오스를 lucky로 번역하길 특히 좋아했다. 이것은 추상적 확률이나 신적 주사위 굴리기를 가리키는 게 아니다. 이 단어는 아이가 행운을 만나 "난 운이 좋아Lucky!"라고 외치게 만드는 일상의 힘 을 전달한다.

3. Isaac Watts and John B. Dykes, "Come, Holy Spirit, Heavenly Dove," 1707, public domain, hymnary.org, https://hymnary.org/text/come_ holy_spirit_heavenly_dove_with_all.

4. Pierre Teilhard de Chardin, *The Divine Milieu* (New York: Perennial, 2001), 130. (『신의 영역』 분도출판사)

5. James A. Michener, *Sports in America* (New York: Random House, 2015), 286.

6. Nikolai Berdyaev, quoted in Andrew Sheehan, ed., *The Essential Sheehan: A Lifetime of Running Wisdom from the Legendary Dr. George Sheehan* (New York: Rodale, 2013), 18.

7. William Stafford, *You Must Revise Your Life* (Ann Arbor: University of Michigan, 1986), 52.

8. C. S. Lewis, *The Weight of Glory: And Other Addresses* (New York: HaperCollins, 2001), 46. (『영광의 무게』 홍성사)

9. "Václav Havel: President of Czech Republic," *Britannica*, www.britannica. com/biography/Vaclav-Havel.

10. 웨스트민스터 소요리문답 1번 질문에 대한 답. "Shorter Catechism," the Orthodox Presbyterian Church, www.opc.org/sc.html.를 보라.

11. Dorothy Day, *The Long Loneliness: The Autobiography of Dorothy Day* (New York: Harper, 1952). (『고백』 복 있는 사람)

12. 이 사례를 유진이 정신건강의 상태나 치료를 두루 무시하는 것으로 받아들여선 안 된다. 유진은 심리학과 임상상담의 특별한 기여를 존중했고 그와 같은 태도를 갖도록 그리스도인들을 격려했다. 이 문맥에서 그의 요지는 기독교 설교에서 가끔 나타나는 위기와 신앙 간의 일종의 상호의존성을 막아야 한다는 것이다. 영적 위기에 대한 반응으로서만 믿음이 세워진다면, 일상에서 진정한 믿음이 어떻게 가능하겠는가?

13. G. K. Chesterton, *What's Wrong with the World*, part 4, chapter 14, www.gutenberg.org/files/1717/1717-h/1717-h.htm; see also "A Thing Worth Doing," The Apostolate of Common Sense (blog), April 29, 2012, www.chesterton.org/a-thing-worth-doing/.

14. 유진은 호메로스의 『오디세이아』에서 오디세우스가 치명적 유혹자인 사이렌들이 출몰하는 위험한 수역에 들어설 때 선원들에게 내렸던 지시사항을 인유引喩하고 있다. 사이렌들은 선원들을 꾀어 배에서 뛰어내려 빠져 죽게 하려고 했다.

15. Jacques Maritain, *The Peasant of the Garonne: An Old Layman Questions Himself About the Present Time*, trans. Michael Cuddihy and Elizabeth Hughes (Eugene, OR: Wipf and Stock, 2011), 72.

16. William Carlos Williams, "Paterson," Poetry Nook, www.poetrynook.com/poem/paterson-0.

17. 요 2:1-11, 행 2:1-4, 마 8:23-27, 요 5:1-18, 요 11장, 히 2:14을 보라.

18. 유진은 여기서 역사와 세계를 아우르는 그리스도인들의 공동체 전체를 가리키는 것이지, 로마 가톨릭 전통만 따로 말하는 것이 아니다.

19. 당연한 얘기를 굳이 적자면, 유진의 일화를 참고하여 이렇게 위험하게 불을 지르는 일이 없기를 바란다.